Thomas O. H. Kaiser

„Parole Emil!"

Über Erich Kästner.
Leben – Werk – Wirkung

Bild Cover: Ruth Rüttinger, „Kästner", 2019

Herstellung und Verlag
BoD – Books on Demand
ISBN 978-3-7347-8317-3

Alle Rechte beim Autor
2019

*Zur Erinnerung an
Marie Brandis (1903-1984),
die 1929 Deutschland
verließ*

„Es gibt nichts Gutes, außer man tut es."[1]
(Erich Kästner)

---

[1] Erich Kästner, Moral, in: Erich Kästner Werke, I, 277. Ich zitiere im Folgenden Kästner, sofern nicht anders angegeben, nach der neunbändigen Ausgabe der Erich Kästner Werke, Bde. I-IX, hg. von Franz Josef Görtz, München 1998, mit Band und Seitenzahl (also beispielsweise Erich Kästner Werke, II, 123).

INHALT

Vorwort..11

Einleitung..19

I. Kindheit und Jugend im Kaiserreich..................22

II. Studium und erste Berufsjahre in der
    Weimarer Republik...38

III. Erste Erfolge als Schriftsteller..........................45

IV. Überwintern in der NS-Diktatur........................87

V. Weiterleben in der Bundesrepublik
    Deutschland..109

Ausblick..140

Zeittafel..149

Literaturverzeichnis..161

Zum Autor..169

Zum Buchcover und zur Künstlerin....................170

Vorwort

Dieses Buch ist ein Buch über einen deutschen Schriftsteller, Lyriker und Romancier, der mich seit Kinder- und Jugendtagen begleitet: Erich Kästner. Der Titel, „`Parole Emil!´ Über Erich Kästner. Leben – Werk – Wirkung", geht auf ein Zitat seines weltberühmten Kinderbuches zurück: `Emil und die Detektive´.

Als Jugendlicher, ganz ähnlich den vielen, die in der `Bonner Republik´ in den siebziger Jahren aufgewachsen sind, habe ich gerne Abenteuerliteratur gelesen. Dazu gehörten die Werke von Karl May, allen voran `Winnetou und Old Shatterhand´; von James Fenimore Cooper, allen voran `Lederstrumpf´ und `Der letzte Mohikaner´; von Zane Grey, allen voran `Das Erbe der Wildnis´ und `Der letzte Präriejäger´; von Edgar Rice Burroughs, allen voran `Tarzan´; von Enid Blyton, allen voran `Fünf Freunde´ und `Die Insel der Abenteuer´; von Jack London, allen voran `Wolfsblut´; und von Astrid Lindgren, allen voran `Pippi Langstrumpf´. Der schönste Platz für meine Lektüre war im Sommer die Hängematte am Kirschbaum hinter unserm Haus und an langen Winterabenden auf dem Teppich im Wohnzimmer beim Kachelofen.

Wir befinden uns im Weserbergland, südlich von Hannover. Dort bin ich aufgewachsen, bei meinen Eltern und Großeltern, zusammen mit meiner acht Jahre älteren Schwester und einem kleinen Hund. Die Tage meiner Kindheit waren ungetrübt. Nicht ganz: Als Kind war ich oft

krank und einmal pro Monat eine Woche lang ans Bett gefesselt. Ich litt unter spastischer Bronchitis, hatte Atemnot, durch Allergien ausgelöste Erstickungsanfälle. Asthma bronchiale war damals noch nicht so verbreitet wie heute und Medikamente wie Asthmasprays waren in den sechziger und siebziger Jahren so gut wie unbekannt. Es gab Situationen, in denen ich deshalb zu ersticken drohte. Einmal sogar hatte mich unser Hausarzt aufgegeben und sich von meinen Eltern mit den Worten verabschiedet: „Jetzt kann nur noch der liebe Gott helfen…"
Nach einer Woche war der Spuk dann immer vorbei. Die Krankheit verschwand in der Regel so schnell, wie sie gekommen war und ich war wieder ganz der Alte. Ich konnte wieder unbeschadet herumtoben und später dann auch Sport treiben, mit Vorliebe Basketball und Volleyball. Bis zum nächsten Mal: Exakt drei Wochen später ging das Ganze wieder von vorne los! Den Kuren für Kinder auf den Nordseeinseln Langeoog und Norderney, an denen ich teilnahm, und Kuraufenthalte mit meiner Mutter und später mit meinen Eltern in Todtmoos im Schwarzwald war im Rückblick betrachtet nur wenig Erfolg beschieden. Ich wurde die Krankheit erstmal nicht los. Die Zeit im Krankenlager, in meiner `Matratzengruft´ (Heine), war für mich als Kind damals immer endlos lang. Zum Glück gab es Bücher! Man konnte sie sich vorlesen lassen oder, noch besser, selber lesen und die Zeit damit erheblich verkürzen! Und so las ich krankes Kind die erwähnten Bücher, dazu die `Sagen des klassischen Altertums´ und die `Sagen der Griechen und Römer´, `Götter, Gräber und Gelehrte´ und

`Ein Kampf um Rom´ – dazu jede Menge Comics, vor allem `Asterix´, `Donald Duck´ und `Superman/Batman´.
Mit Erich Kästners `Emil´ entdeckte ich für mich dann plötzlich etwas Neues, etwas, das sich von den genannten Abenteuergeschichten für Kinder, die ich kannte und die alle in einer anderen Welt spielten, abhob. Erich Kästner schrieb in einer kristallklaren Sprache für Kinder im Hier und Jetzt, in der Moderne. Erwachsene spielten – wie in vielen erfolgreichen Kinderbüchern – im `Emil´ keine entscheidende Rolle, sie waren ins zweite Glied gerückt, waren Statisten. Die Kinder beherrschten die Szenerie; sie stritten und debattierten und diskutierten und hatten die Situation voll im Griff. Für Kästner mussten sie nicht brav und gehorsam sein – dem gängigen Erziehungsideal seiner Zeit entsprechend, wie ein Kind zu sein hatte –, sondern selbständig, selbstbewusst, mutig, kooperations-fähig, klug, unangepasst – und: gemeinsam stark! Für Kästner verkörperten Kinder das Gute, er glaubte an ihre moralische Unschuld und schuf authentisch denkende und handelnde Kinderfiguren. Er konnte sich, vermutlich seine eigene Kindheit vor Augen, in die erdachten Kinderseelen einfühlen und intuitiv auch in die Kinderseelen derer, die ihn lasen – also auch in die meinige. Er war in der Lage, von der realen Kindheit zu abstrahieren und eine Wunschkindheit zu erschaffen. Kästners Kinderfiguren kämpften damit, von den Erwachsenen ernstgenommen und anerkannt zu werden, sie litten unter mancher Ungerechtigkeit, Bösartigkeit und Dummheit der Erwachsenen. Kästners Helden im `Emil´ handelten ernsthaft und verantwortlich

wie Erwachsene und sie überstanden ihre Ausflüge in die Welt der Erwachsenen unbeschadet, zum Schluss gab es ein Happy End. Wie immer in Kästners Kinderbüchern ging es um Gut und Böse, um Moral und Kriminalität, um Krieg im Großen wie im Kleinen. Kästner transportierte in dem Buch und auch in seinen anderen Kinderbüchern Ideale von Freiheit, Freundschaft, Hilfsbereitschaft, Heimat, Glück, Ehrlichkeit, Fantasie, Solidarität, Pflicht, Verantwortung und Humor und machte sie zeit- und situationsunabhängig. Es gelang ihm dadurch, auch große Gefühle in mir freizusetzen: Ich klappte das Buch zu, mit dem Gefühl, dass die Welt ein wenig schöner geworden war. Ich war gerührt, berührt und begeistert!

Was ich später dann, als Jugendlicher und als junger Erwachsener, an Kästner geschätzt habe, waren nicht nur seine Kinderbücher oder seine Gedichte, seine Ironie, seine Satire oder sein verschmitzter Humor, sondern vor allem sein Antimilitarismus. Und das kam so: Der Erste und der Zweite Weltkrieg haben in meiner Familie, wie in anderen Familien in Deutschland auch, eine prägende Rolle gespielt: Meine beiden Großväter, Hermann Müller und Otto Lohmann, hatten im Ersten Weltkrieg als Soldaten gekämpft und den Krieg zum Teil mit schweren Verwundungen überlebt. Ein Bruder meines Großvaters, der Unteroffizier Gustav Lohmann, und ein Bruder meiner Großmutter, der Gefreite Karl Förstemann, hatten für das kaiserliche deutsche Vaterland in den Schützengräben vor Verdun ihr Leben gelassen. Meine Großväter, Jg. 1895 und 1898, waren sogar noch im Zweiten Weltkrieg zur

Wehrmacht eingezogen worden und waren auch dort mit einem blauen Auge davongekommen. Bei meinem Vater Willi Müller sah es etwas anders aus, aber auch er hat rückblickend Glück gehabt: Als Angehöriger des Jahrgangs 1926 wurde er nach einer kurzen paramilitärischen Ausbildung eingezogen und kam im Juli 1944 zur Artillerie der Wehrmacht an die russische Front. Der 18jährige verlor in den Kriegswirren seine Kompanie und wurde in ein Kriegsgefangenenlager nach Sibirien verschleppt. Daheim galt er als vermisst. Im Lager musste er harte körperliche Arbeit verrichten. Diese Arbeit war eine Tortur und kostete ihn seine Gesundheit: Mit einem Körpergewicht von 40 kg wurde er, dem Tode nahe, aus der Gefangenschaft entlassen und erreichte am 1. Dezember 1945 wieder seine Heimat im Weserbergland. Junger Mann, der er war, konnte er sich glücklicherweise körperlich schnell wieder erholen – wie es seelisch in ihm aussah, stand wie bei vielen seiner Generation auf der anderen Seite der Medaille. Mein Vater hat wie viele andere seiner Generation so gut wie nie über seine Erlebnisse in Russland gesprochen – wie überall in der Bundesrepublik herrschte auch bei uns Schweigen zu diesem Thema. Andere hatten nicht so viel Glück gehabt wie er: Sein Schwager Fritz Schrader, der Ehemann seiner Schwester Anneliese, wurde für tot erklärt und der Cousin seiner späteren Ehefrau Lilli, Otto Förstemann, der fast noch ein Kind gewesen war, als er zur Wehrmacht eingezogen wurde, liegt irgendwo in Russland begraben – beide hatten dem `Deutschen Reich´ an der Front von 1939 bis 1945 als Offiziere gedient.[2]

Erich Kästner räumte direkt nach dem Ersten Weltkrieg mit dem Militarismus, unter dem er persönlich schwer gelitten hatte, radikal auf. Er wurde Antimilitarist und Pazifist. Es war eine innere Einstellung und eine Haltung an ihm, die ich immer geschätzt habe.

Ich denke, der Einsatz für den Pazifismus ist heute genauso wichtig wie zu Kästners Zeiten. Die Rüstungsspirale dreht sich wieder, nicht-militärische Konfliktlösungsmodelle und -strategien treten gegenüber militärischen Konfliktlösungen zusehends in den Hintergrund. Die Frage, ob die Bundeswehr angesichts des Erstarkens von Rechtsextremismus in den deutschen Streitkräften nicht wieder das Konzept `Bürger in Uniform´ verfolgen und die allgemeine Wehrpflicht für junge Männer vom Bundestag wiedereingeführt werden sollte, wird derzeit (2019) wieder heftig diskutiert. Die Europäische Union hat ihre Ausgaben für Rüstung und Grenzsicherung gesteigert. Im Jahr 2018 lag Deutschland auf Platz 4 der Rüstungsexporte weltweit! Doch kann militärische Gewalt die gegenwärtigen Probleme dieser Welt lösen – Klimagerechtigkeit und die Be-

---

[2] Wegen dieser Familiengeschichte habe ich als 18jähriger junger Mann den Dienst an der Waffe bei der Bundeswehr verweigert. Ich habe mich damals zudem als Heidelberger Theologiestudent politisch für den Totalverweigerer Christian Herz (geb. 1960) eingesetzt, weil ich es als ungerecht empfand, dass nur Männer zum Wehrdienst herangezogen wurden – eine Verletzung des Gleichheitsgrundsatzes. Als evangelischer Pfarrer war ich dann gemäß §12, Abs. 4 Wehrpflichtgesetz vom Dienst an der Waffe befreit. Dieses Gesetz war eine Lehre, die man in der Bundesrepublik Deutschland aus dem Nationalsozialismus gezogen hatte.

wahrung der Schöpfung, die Durchsetzung von Menschenrechten, den Kampf gegen den Hunger in der Welt, die Konflikte um Wasser und Boden und Bodenschätze? *Grundsätzlich* wohl kaum. Man sieht es schon jetzt: Es sind vor allem Frauen und Kinder – vor Krieg und Gewalt in ihren Heimatländern, aus Kriegs- und Bürgerkriegsgebieten nach Europa, auch nach Deutschland geflohen –, die zu den Leidtragenden der Rüstungsspirale werden. Vor allem sie bekommen die Auswirkungen von militärischer Gewalt auf Körper, Geist und Seele zu spüren. Politische Lösungen müssen also her, sowohl außen- als auch innenpolitisch: Bekämpft werden müssen *politisch* die Ursachen für Flucht und Migration. Politisch bekämpft werden müssen auch Militarismus und Nationalismus. Erich Kästner lebte in einer Zeit, die ganz ähnliche Sorgen und Probleme hatte wie wir heute. Zum Glück wissen wir, dass sich Geschichte nicht wiederholt.

Ich verzichte in diesem Buch weitgehend auf die Darstellung der historischen Ereignisse, also auf die Aufzählung historischer Daten und Fakten. Erich Kästner erlebte das Kaiserreich, die Weimarer Republik, den Nationalsozialismus und die restriktiven fünfziger und sechziger Jahre. Ich setze die zeitgeschichtlichen Ereignisse bei Leserinnen und Lesern als bekannt voraus; außerdem habe ich sie in meinen Büchern, beispielsweise über Klaus Mann und Dietrich Bonhoeffer, zur Genüge entfaltet. Wer sich dennoch schnell einen Überblick über die Zeit bzw. das Leben Erich Kästners verschaffen möchte, dem sei die `Zeittafel´

am Ende dieses Buches empfohlen. Im Anmerkungsapparat befinden sich Verweise auf herangezogene Literatur, auf Zeitungen und Internet-Quellen. Das Buch kann auch gelesen werden, ohne die Fußnoten in die Lektüre mit einzubeziehen. Ein Blick ins Literaturverzeichnis kann weiterführend sein.

Barbara Dammenhayn-Scott bin ich erneut zu Dank verpflichtet: Sie hat das Manuskript in bewährter Weise Korrektur gelesen. Herzlichen Dank!

Ruth Rüttinger danke ich vielmals für das Bild „Kästner", das sie extra für dieses Buch angefertigt hat und das auf dem Einband zu sehen ist. Herzlichen Dank!

Gewidmet ist das Buch der Erinnerung an meine Großtante Marie Brandis, geb. Fischer (1903-1984), genannt „Tante Mariechen", aus Milwaukee/Wisconsin. Sie verließ Deutschland im Jahr 1929 und wanderte in die USA aus. Mit ihrem Mann Wilhelm nahm sie die US-amerikanische Staatsbürgerschaft an. Nach dem Zweiten Weltkrieg versorgte sie meine Familie mit Care-Paketen und schenkte mir als Kind zum Geburtstag viele Jahre lang Spielzeug und Kennedy-Silberdollars. Die Postkarten mit den Konterfeis von Chiefs der First Nation, die sie mir Ende der sechziger Jahre schrieb, und die Polaroid-Farbfotos, die bei ihren Besuchen bei uns entstanden sind, habe ich aufbewahrt. Tante Mariechen ist für mein Amerika-Bild prägend gewesen.

Kadelburg, 9.11.2019   Thomas O. H. Kaiser

Einleitung

In diesem Jahr jährte sich am 23. Februar 2019 zum einhundertzwanzigsten Mal der Geburtstag Erich Kästners und am 29. Juli 2019 zum fünfundvierzigsten Mal sein Todestag. Den Älteren von uns ist er bekannt als der Dichter der Kinder: `Emil und die Detektive´, `Das fliegende Klassenzimmer´, `Pünktchen und Anton´, `Das doppelte Lottchen´ – um nur einige seiner bekanntesten Werke zu erwähnen. Doch im Unterschied zu Kästners Lieblingskonkurrenten, dem nahezu gleichaltrigen Stückeschreiber Bertolt Brecht[3], dessen Jubiläen wie zuletzt sein hundertzwanzigster Geburtstag[4] ausgiebig gefeiert wurden, ist es um den Kinderbuchautor, Satiriker, Lyriker, Romancier, Drehbuchautor und Moralisten Erich Kästner in der deutschen Literaturszene eher still geblieben. Dabei zählt Kästner wie Brecht nicht nur zu den bedeutendsten Dramatikern des letzten Jahrhunderts, sondern nach einhundertzwanzig Jahren auch noch zu den meistgelesenen Autoren der Gegenwart. Allein Kästners Oeuvre ist im Blick

---

[3] Der Dramatiker, Lyriker und Librettist Bertolt Brecht (1898-1956), Begründer des `epischen Theaters´, zählt heute zu den deutschen Klassikern. Der dezidierte Antifaschist setzte sich bereits 1933 ins Exil ab. Kästner, der Brecht persönlich kannte, hatte sich schon früh mit dessen Werk auseinandergesetzt, vgl. exemplarisch Erich Kästner, Kuhle Wampe, in: Erich Kästner Werke, VI, 289f. Nach dem Krieg hatten die beiden als Präsidenten des ost- bzw. westdeutschen PEN-Clubs losen Kontakt. Eigenen Aussagen zufolge konnte Kästner Brecht nicht leiden, vgl. Sven Hanuschek, Keiner blickt dir hinter das Gesicht. Das Leben Erich Kästners, München-Wien 1999, 134.
[4] https://www.mdr.de/kultur/wie-aktuell-ist-bertolt-brecht-100.html (aufgerufen am 3.7.2019).

auf die Bedienung unterschiedlicher Genres meines Erachtens *nur* mit dem von Brecht vergleichbar: Kästner hat Kinderbücher, Romane, Kabarett-Texte, Drehbücher und Hörspiele geschrieben, er war an einigen Verfilmungen seiner Werke selbst beteiligt, er sprach in einigen Filmen die Erzähler-Kommentare und tauchte in ihnen auch selbst auf.[5] Es lohnt, sich an Kästner zu erinnern, wie ich es mit diesem Buch versuche. Aber warum? Weil ich denke, dass uns Kästner heute noch etwas zu sagen hat. Und weil ich denke, dass der evangelische Christ[6] aus Sachsen nach

---

[5] Eine Forschungslücke hat der niederländische Germanist Dr. phil. Johan Zonneveld mit seiner 2444 Seiten umfassenden und 4,7 kg schweren Kästner-Bibliographie gefüllt, an der er über 30 Jahre gearbeitet hat, vgl. Johan Zonneveld, Bibliographie Erich Kästner, Bde. I-III (Bibliographie zur deutschen Literaturgeschichte; Bd. 18), Bielefeld 2011 (mit einer CD-ROM). Er hat alle von Kästner geschriebenen Texte erfasst und dabei u. a. die komplette Korrespondenz und den umfangreichen Nachlass im Deutschen Literaturarchiv in Marbach erstmals bibliographisch erfasst. Band I beinhaltet im wesentlichen Primärliteratur und eine Zeittafel, auch eine chronologische Aufzählung der Gesamtausgaben und Werke Kästners plus deren zahlreiche Übersetzungen (61ff.); in Band II befinden sich Sekundärliteratur, werkübergreifende Darstellungen, Informationen zu den einzelnen Werken und einzelnen Themen, Literatur, die anlässlich Kästners 100. Geburtstag erschienen ist und Varia; Band III schließlich enthält eine Filmographie/Kinofilme, Sekundär-Material zu den Kinofilmen, sonstige Ton- und Bildträger, audiovisuelle und sonstige Bearbeitungen, Dokumente, Korrespondenz und Übersichten sowie Verzeichnisse. Der Autor war einst mit einer Dissertation zu Erich Kästner promoviert worden, vgl. Johan Zonneveld, Erich Kästner als Rezensent 1923-1933, Frankfurt/M. 1991.

[6] Kästner stammte aus einer evangelisch-lutherischen Familie. Er wurde selbstverständlich getauft, mit der selben Selbstverständlichkeit vierzehn Jahre später in der Dresdner Dreikönigskirche konfirmiert und arbeitete danach noch sonntags im Kindergottesdienst mit, vgl. Erich Kästner, Als ich ein kleiner Junge war, in: Erich Kästner Werke, VII, 44. Während er Geistlichen kritisch gegenüberstand, wie in seinem Gedicht `Stimmen aus dem Massengrab´ erkennbar ist, handelt eines von Kästners schönsten Gedichten von Jesus, vgl. Erich Kästner, Dem Revolutionär Jesus zum Geburtstag, in: Erich Kästner Werke, I, 163. Auch später äußerte sich Kästner noch zu Christentum und Kirche, vgl. Erich Kästner, Die theatralische Sendung der Kirche, in: Erich Kästner Werke, VI, 44. Hier findet man u. a. den kirchenkritischen Satz: „Wenn eine religiöse Gemeinschaft von freiwilligen Gaben ihrer Mitglieder nicht mehr bestehen kann, hat sie bereits zu lange bestanden" (Erich Kästner, ebda.).

eigenem Bekennen ein frei denkender, kritischer Geist gewesen ist – einer, der das Individuum immer höher eingeschätzt hat als die Masse, und einer, dem Zwang jeglicher Art ein Graus gewesen ist, einer, der Ideologien, insbesondere die nationalsozialistische, verabscheut hat und dem darüber hinaus das Denken in Systemen verhasst war. Das spiegelt sich nicht nur in den Werken für Erwachsene, in denen der distanziert-diskrete Zeitgenosse erkennbar wird, der Kästner auch war, sondern auch in seinen gefühlvollen Kinderbüchern wider: Ihr gemeinsamer Nenner ist, sich die eigene kindliche Seele zu bewahren und sich von den Zumutungen dieser Welt nicht verbiegen zu lassen.[7]

---

[7] Ein erster Blick zur Orientierung über Leben und Werk fällt auf Wikipedia: https://de.wikipedia.org/wiki/Erich_K%C3%A4stner#cite_note-17 (aufgerufen am 13.6.2019). Ein zweiter Blick in der Deutschen Digitalen Bibliothek zeigt, wie viele und welche Bücher es von und über Kästner gibt: https://www.deutsche-digitale-bibliothek.de/searchresults?query=affiliate_fct_role_normdata%3A%28%22http%3A%2F%2Fd-nb.info%2Fgnd%2F118559206_1_affiliate_fct_involved%22%29&isThumbnailFiltered=false (aufgerufen am 14.6.2019). Als einen wunderbaren Einstieg ins Thema kann ich die Website der Erich Kästner Gesellschaft e. V. empfehlen, die Kästners Texte in `Einsteiger´, `Schule´, `Forschung´ und `Film´ kategorisiert hat: http://erichkaestner-gesellschaft.de/bibliographie/ (Aufruf vom 16.6.2019).

I. Kindheit und Jugend im Kaiserreich

Erich Kästners Kindheit beginnt in Dresden-Neustadt, im Osten Deutschlands, genauer: in Sachsen, an der Wende vom 19. Jahrhundert zum 20. Jahrhundert.[8] Seine Eltern, Ida und Emil Kästner, waren aus wirtschaftlichen Gründen in die dortige Königsbrücker Straße 66 gezogen, in eine kleine Mietskasernen-Mansardenwohnung im vierten Stock mit Außentoilette auf halber Treppe – eine Armeleutegegend. Das war bemerkenswert, da Ida Kästner, geb. Augustin (1871-1951) aus Kleinpelsen, evangelisch-lutherischer Konfession und mit sieben Brüdern und vier Schwestern aufgewachsen, aus einer Familie stammte, in der alle ihre Brüder das Metzgerhandwerk gelernt hatten und als Pferdehändler durch das Geschäft mit dem Krieg zu Millionären wurden.[9] Mit 16 Jahren „ging sie vom Dorf

---

[8] Lange gab es keine Biographie über Erich Kästner, an der dieser nicht selbst beteiligt gewesen war, vgl. z. B. Erich Kästner, Als ich ein kleiner Junge war, in: Erich Kästner Werke, VII, 7-152, oder die rororo-Monographie seiner Lebensgefährtin Luiselotte Enderle, Erich Kästner, Reinbek 1966 (Lit. auf 145-153). Heute gibt es einige lesenswerte Biographien, vgl. Klaus Kordon, Die Zeit ist kaputt. Die Lebensgeschichte des Erich Kästner, Weinheim 1994 (Lit. auf 222-224). Im Umfeld von Kästners 100. Geburtstag sind weitere Biographien erschienen, vgl. Franz Josef Görtz/Hans Sarkowicz, Erich Kästner. Eine Biographie, München-Zürich 1998 (Lit. auf 349-364); Isa Schikorsky, Erich Kästner (dtv portrait), München 1998 (Lit. auf 154-157); Helga Bemmann, Erich Kästner. Leben und Werk, Berlin 1994, 1998 (Lit. auf 385-388); Sven Hanuschek, Keiner blickt dir hinter das Gesicht. Das Leben Erich Kästners, München-Wien 1999, und ders., Erich Kästner, Reinbek 2004, ⁴2018 (Lit. auf 148-153). Ich folge in meiner Darstellung im Wesentlichen diesen Biographien.

[9] Eine besondere Beziehung hatte Erich Kästner zu seinem Onkel Franz Augustin, dessen Villa gegenüber dem Albertplatz nur wenige hundert Meter von der Königsbrücker Straße 48 entfernt lag. Dort war er häufig mit seiner Mutter bei seiner Tante Lina zu Besuch. Das Haus, das die schwere Bombardierung Dresdens unbeschadet überstand, steht heute unter Denkmalschutz.

in die Stadt und nahm eine Stelle als Stubenmädchen an; später wurde sie Gesellschafterin einer gelähmten Dame"[10]. Mit 20 Jahren lernte sie den drei Jahre älteren Emil Richard Kästner (1867-1957) kennen, den sie am 31.7.1892 in Börtewitz heiratete. Er stammte aus Penig, war evangelisch-lutherisch, und hatte sich nach der Lehre in Döbeln selbständig gemacht und in der Ritterstraße eine kleine Sattlerei eröffnet. Das Geschäft ließ sich aber nicht halten und die Kästners mussten der Arbeit hinterher nach Dresden ziehen. Erich Kästner hatte zeitlebens einen guten Kontakt zu dem von ihm als geduldig und lächelnd und als `zurückhaltend, bedächtig, zuverlässig, ehrbeflissen, eigensinnig-solide´[11] beschriebenen Mann, der sich in den späten Jahren noch einmal intensivieren sollte. Aber im Beziehungsgeflecht innerhalb der Kleinfamilie stand er abseits; die Bindung von Mutter und Sohn war nach Meinung der Kästner-Biographen so eng, dass sie für einen Dritten keinen Platz hatte: Ida Kästner vermittelte ihrem Sohn, dass er ohne Vater aufwüchse.[12] Emil Kästner starb Silvester 1957 im hohen Alter von 90 Jahren.

Sieben Jahre nach ihrer Eheschließung brachte Ida Kästner ihren Sohn zur Welt: Erich, der ihr einziges Kind bleiben sollte. Zwischen Mutter und Sohn herrschte zeitlebens eine nicht unproblematische Beziehung.[13] Ida Kästner galt

---

[10] Luiselotte Enderle, Erich Kästner, a. a. O., 11.
[11] Vgl. Luiselotte Enderle, Erich Kästner, a. a. O., 10f.
[12] Vgl. Sven Hanuschek, Keiner blickt, a. a. O., 34. An den späteren Ausflügen, Theaterbesuchen und Reisen seiner Frau mit ihrem Sohn hatte Emil Kästner keinen Anteil. Erst nach dem Tod seiner Frau machte er seine erste große Reise nach München zu einem Besuch bei Erich Kästner.
[13] Vgl. dazu Klaus Kordon, Die Zeit ist kaputt, a. a. O., 84.

als schwierige, zeitweise krankhafte Persönlichkeit, die unter Depressionen litt und Suizidversuche unternahm und auch nicht davor zurückschreckte, ihren Sohn körperlich zu züchtigen. Von Kästner selbst, der seine Mutter später finanziell regelmäßig unterstützte – ihr `Scheinchen´[14] schickte und ein eigenes Bankkonto in Dresden für sie eröffnete –, wird sie einmal als „kalt, streng, hochmütig, selbstherrlich, unduldsam und egoistisch"[15] beschrieben. Die intensive Mutter-Sohn-Beziehung – über 30 Jahre gab es einen fast täglichen Brief- und Postkartenwechsel[16] zwischen Mutter und Sohn, Ida Kästner nahm die Wäschepakete ihres Sohnes entgegen, die er ihr aus Berlin selbst in den letzten Kriegstagen noch schickte, sie las seine Manuskripte, bewahrte seine Reinschriften auf und kommentierte seine Filme[17] – war nach übereinstimmender Einschätzung seiner Biographen für Kästners lebenslanges problematisches Verhältnis zu Frauen prägend (die Rede

---

[14] Zur Vielfalt der `Scheinchen´ vgl. Klaus Kordon, Die Zeit ist kaputt, a. a. O., 84.
[15] Sven Hanuschek, Erich Kästner, a. a. O., 17. Vgl. auch Franz Josef Görtz/Hans Sarkowicz, Erich Kästner, a. a. O., 15, und Erich Kästner, Interview mit dem Weihnachtsmann. Kindergeschichten für Erwachsene, hg. und mit einem Nachwort versehen von Franz Josef Görtz und Hans Sarkowicz, München 1998, 2005, 131.
[16] Vgl. Luiselotte Enderle (Hgin.), Mein liebes, gutes Muttchen, Du! Briefe und Postkarten aus 30 Jahren, München 1981, 1990.
[17] Vgl. Isa Schikorsky, Erich Kästner, a. a. O., 38ff., und Sven Hanuschek, Keiner blickt, a. a. O., 126.

ist in der Literatur vom `Peter-Pan-Syndrom´).[18] Ida Kästner starb dement in einem Dresdner Sanatorium.[19] Sie hatte ihren Sohn nicht mehr erkannt.[20]

In der Königsbrücker Straße 66 erblickte Erich Kästner am 23. Februar 1899 das Licht der Welt.[21] Sein Vater Emil Kästner hatte nach seinem Scheitern als Selbständiger neue Arbeit als Facharbeiter in einer Dresdner Kofferfabrik gefunden und seine Mutter Ida verdiente, um den Lebensunterhalt zu sichern, in Heimarbeit durch Nähen etwas hinzu. Wie den Kästners, so ging es vielen um die Jahrhundertwende im Kaiserreich. Wie bei vielen wurde im Hause Kästner selbstverständlich SPD gewählt. Ida und Emil Kästner, aus der kleinbürgerlichen Selbständigkeit ins Proletariat der Fabrikarbeiter sozial abgestiegen, verstanden sich aber nicht als Proletarier, sondern fühlten sich dem Mittelstand zugehörig. Insbesondere Ida Kästner hatte dieses Bewusstsein. Sie litt zeitlebens darunter, dass

---

[18] Vgl. dazu Isa Schikorsky, Erich Kästner, a. a. O., 53f.
[19] Vgl. Erich Kästner, Als ich ein kleiner Junge war, in: Erich Kästner Werke, VII, 7-152, bes. 105f.
[20] Vgl. Sven Hanuschek, Kästners Kriegstagebücher: Eine Einführung, in: Erich Kästner, Das Blaue Buch. Geheimes Kriegstagebuch 1941-1945, hg. v. Sven Hanuschek, Zürich 2018, 7-41, bes. 18.
[21] Heute befindet sich am ganz in der Nähe gelegenen Albertplatz in der `Villa Augustin´ das im Jahre 2000 gegründete `Erich Kästner Museum´. Das Haus hatte einst dem Onkel Kästners, Franz Augustin, einem Bruder seiner Mutter, gehört, der über den Pferdehandel zum Millionär geworden war. Bei dem Museum handelt es sich um ein mobiles, interaktives, minimalistisches `micromuseum´. Mehr dazu hier: http://www.erich-kaestner-museum.de/museum/wer-wir-sind/ (aufgerufen am 13.6.2019) und auf YouTube: https://www.youtube.com/watch?v=MSFmmpWfL7M (aufgerufen am 21.6.2019). Auf der Mauer des Museums befindet sich eine Bronzeplastik (1999), die den sitzenden Kästner zeigt, von Mátyás Varga (1910-2002): Kästner hatte in seinen Kindheitserinnerungen geschrieben, wie er als kleiner Junge auf der Mauer sitzend das muntere Treiben auf dem Albertplatz verfolgt hatte.

sie einen Mann unter ihrem Stande geheiratet hatte, den sie, das kam noch dazu, nie geliebt hatte.[22] Mit der Geburt ihres Sohnes begann für die tatkräftige, intelligente, ehrgeizige Frau ein neues Leben. Erich Kästner hörte später nicht auf zu betonen, dass es vor allem ihrer Liebe, ihrem Fleiß und ihrer Arbeit zu verdanken war, dass er eine wohl behütete Kindheit und Jugend hatte. Rückblickend beschrieb er diese Kindheit um 1900 zwar in seinem Buch „Als ich ein kleiner Junge war"[23], aber eigentlich taucht sie in all seinen Kinderbüchern auf. Die meisten seiner Romane, Geschichten und Gedichte für Kinder sind „Liebesbekundungen an die Mutter: Beteuerungen größter Nähe, die für ihn nur aus angemessenem Abstand zu ertragen waren."[24] Mit ihnen setzte Kästner seiner Mutter literarische Denkmäler der Liebe und Dankbarkeit.

Der kleine Erich Kästner also wuchs im Häusermeer der kasernenartigen Blöcke Dresdens auf – mit seinen dunklen Hinterhöfen, der Volksküche, der Volksbücherei, dem Spielplatz, den Bäckereien, den Fleischereien, den Gemüseläden und den Kneipen, dem Fahrradgeschäft. Die

---

[22] Vgl. Luiselotte Enderle, Erich Kästner, a. a. O., 12; Sven Hanuschek, Erich Kästner, a. a. O., 11; Franz Josef Görtz/Hans Sarkowicz, Erich Kästner, a. a. O., 11, und Isa Schikorsky, Erich Kästner, a. a. O., 8.

[23] Vgl. Erich Kästner, Als ich ein kleiner Junge war, in: Erich Kästner Werke, VII, 7-152. Kästner wendet sich in diesem Buch, in dem er seine Kindheit und die Geschichte seiner Familie in Dresden schildert, ausdrücklich an die Kinder. Auch in anderen Kinderbüchern Kästners wie `Pünktchen und Anton´ und `Emil und die Detektive´ kommt die enge Mutterbeziehung der Protagonisten zum Ausdruck. Vgl. dazu weiterführend Marbacher Magazin 86/1999: Emil, Lottchen und der kleine Mann. Erich Kästners Kinderwelt, bearb. von Ute Harbusch, in Zusammenarbeit mit der Internationalen Jugendbibliothek München, Marbach ²1999.

[24] Franz Josef Görtz/Hans Sarkowicz, Erich Kästner, a. a. O., 16.

Kleinfamilie war inzwischen ein paar Häuser weiter in die Königsbrücker Straße 48 gezogen, in die dritte Etage. Es wird das Haus seiner Kindheit, das Haus, das ihn am meisten prägte und in dem er die entscheidenden Jahre seiner Kindheit verbrachte. Zeit seines Lebens blieb Kästner dieser proletarisch-kleinbürgerlichen Welt verhaftet.[25] Später dachte er immer wieder daran zurück, wie er mit den Eltern abends in der Küche zusammensaß: Seine Mutter – `Muttchen´, wie er sie nannte – kochte, sein Vater schmauchte schweigend seine Zigarre und der kleine Erich zwischen den beiden las alles, was ihm unter die Finger kam. Kästner schrieb rückblickend über dieses vermeintliche Küchenidyll: „Ich las, als wär es Atemholen. Als wär ich sonst erstickt."[26] Der kleine Junge flüchtete sich angesichts der zerrütteten Ehe und des erdrückenden Schweigens seiner Eltern in die Literatur, in die Welt des gedruckten Wortes.[27] Er saß gerne auf dem Fensterbrett, träumend in die armseligen Hinterhöfe blickend…

Was sollte aus einem solchen Jungen nur werden? Wenn es nach Erich Kästner gegangen wäre: Lehrer! Es war ein Zufall, dass der erste Untermieter Ida Kästners tatsächlich ein Lehrer war! Lehrer Franke war ein fröhlicher junger

---

[25] Einige Namen von Kästners Romanfiguren gehen auf Personen seiner Kindheit zurück: So ist `Gustav mit der Hupe´ der Name seines besten Freundes aus Kindertagen. `Herr Bremser´ aus `Pünktchen und Anton´ war der Name von Kästners Volksschullehrer. `Emil´ ist Kästners Zweitname und der Name `seiner Väter´ Emil Kästner und Emil Zimmermann. Kästners zogen dann noch einmal um, in Richtung Elbe und Dresdner Altstadt: in die Königsbrücker Straße 38, in den zweiten Stock.
[26] Erich Kästner, Als ich ein kleiner Junge war, in: Erich Kästner Werke, VII, 70.
[27] Vgl. Isa Schikorsky, Erich Kästner, a. a. O., 146.

Mann, der bei Kästners zum Plausch in der Küche saß und bis spät abends Hefte korrigierte. Er brachte, so wird berichtet, den kleinen Erich durch Erzählungen aus seinem Schulalltag oft zum Lachen.[28] Das hinterließ bleibende Spuren: Franke wurde zum positiven Lehrerbild für den kleinen Jungen, der Lehrer nicht erstmals in der Schule kennenlernte. Auch die anderen Untermieter nach ihm waren Lehrer: Paul Schurig beispielsweise, für den Jungen „eine Art Onkel"[29], zog mit den Kästners sogar um und blieb Erich Kästners gesamte Kindheit lang dessen älterer Mentor. In Schurigs Zimmer stapelte sich die Literatur: Bücher, Lehrbücher, Lehrerzeitschriften, Hefte. Und wenn Schurig nicht da war, durfte Erich auf seinem Klavier üben. Von daher ist es naheliegend, dass sich Erich Kästner auf seine Einschulung im Jahre 1906 freute. Er kam in die Vierte Bürgerschule in der Dresdener Tieckstraße. Die Prägung dieser Schule war so nachhaltig, dass er in der gesamten Schulzeit nicht einen einzigen Tag fehlte – auch dann nicht, als er sich bei einem Unfall die Zungenbänder durchbiss und zeitweise nicht mehr sprechen konnte![30] Kästner war der Primus der Klasse. In seiner Freizeit betätigte er sich sportlich im Turnverein.[31] Mit Paul Schurig

---

[28] Vgl. Erich Kästner, Als ich ein kleiner Junge war, in: Erich Kästner Werke, VII, 53f.
[29] Erich Kästner, Als ich ein kleiner Junge war, in: Erich Kästner Werke, VII, 55.
[30] Vgl. Erich Kästner, Als ich ein kleiner Junge war, in: Erich Kästner Werke, VII, 72f.
[31] Kästner greift in seinem Werk seine Schulerfahrungen vielfältig an einigen Stellen auf, beispielsweise in seinem Gedicht `Kleine Führung durch die Jugend´ (vgl. Erich Kästner Werke, I, 23f.), in der Geschichte `Die Kinderkaserne´ (vgl. Erich Kästner Werke, III, 340-344) oder in dem Buch `Das fliegende Klassenzimmer´ (vgl. Erich Kästner Werke VIII, 41-160). Im Unterschied zu Joachim Ringelnatz (1883-1934) beispielsweise ist Kästner weit davon entfernt, Lehrer als `respektfordernde Dunkelmenschen´ zu sehen.

unternahm der Erstklässler seine erste Reise, und zwar in den Heimatort des älteren Freundes, nach Falkenhain bei Wurzen, Nähe Leipzig. Von hier aus schrieb er an die Mutter seine erste Postkarte, weinend vor lauter Heimweh.[32] Wen wundert's also, dass Erich Kästner bei diesem Einfluss selbst Lehrer werden wollte?[33] Allerdings war die Lehrerausbildung nicht kostenlos: Schulgeld, Internat, Klavierunterricht, all das kostete Geld – Geld, das durch Emil Kästners schmalen Verdienst und die paar Mark aus der Untervermietung vorne und hinten nicht reichte. Da kam Ida Kästner die zündende Idee: Sie wurde – immerhin war sie schon 35 Jahre alt – Friseuse und eröffnete nach beendeter Lehre ein Geschäft. Da das Geld für die Ladenmiete vorerst fehlte, wurde im Kästner'schen Schlafzimmer frisiert. Und kam die Kundschaft, größtenteils Damen aus der Nachbarschaft, nicht zu Ida Kästner, dann ging sie zu ihr. Erich begleitete dabei oft seine Mutter. Er übernahm Besorgungen, nahm Bestellungen für Haarnadeln, Kämme, Scheren entgegen, schleppte heißes Wasser für die Frisuren oder für die Kopfmassagen. Ein zuverlässiger Junge! Und ein sehr guter Schüler: 1912 hatte er fast nur

---

Allerdings redet er später provokant Tacheles in einem Gedicht, in dem er das Diktum von Ex-Bundeskanzler Gerhard Schröder (geb. 1944) von den `faulen Lehrern´ vorwegnimmt: „Sie könnten für Deutschland Größeres leisten/als Leute mit Namen und großem Maul./Sie könnten. Sie sollten! Aber die meisten/von ihnen sind faul" (Erich Kästner, Von faulen Lehrern, in: Die Jugend v. 1.9.1930, 567, hier zit. nach Franz Josef Görtz/Hans Sarkowicz, Erich Kästner, a. a. O., 115).
[32] Vgl. Sven Hanuschek, Keiner blickt, a. a. O., 47. Der Titel von Hanuscheks Biographie geht auf Kästners gleichnamiges Gedicht zurück, vgl. Erich Kästner Werke, I, 344f.
[33] Vgl. Erich Kästner, Als ich ein kleiner Junge war, in: Erich Kästner Werke, VII, 57.

Einser im Zeugnis.[34] Dabei stand bei all seinen schulischen Leistungen für ihn nur eines im Vordergrund: seiner Mutter zu gefallen, damit sie stolz auf ihn sein konnte. Denn ihr Sohn war längst zu ihrem Lebensinhalt geworden, Erichs Zukunft und sein Glück wurden zu ihrem Daseinszweck. Doch ihre Nerven machten nicht mit: Häufig wurde sie von Depressionen geplagt, trug sich immer öfter mit Suizid-Absichten. Es kam vor, dass Erich sie nach langer Suche fand und sie dann nach Hause brachte.[35] Das Verhältnis Mutter-Sohn blieb zeitlebens eng: Beide unternahmen schier endlose gemeinsame Wanderungen im Thüringer Wald und im Erzgebirge, besichtigten Kirchen und Museen.[36] Bis er vierzehn Jahre alt war, verbrachten die beiden ausnahmslos die großen Ferien zusammen. Später, ab 1911, gab es dann noch eine weitere Gemeinsamkeit: Mutter und Sohn gingen zusammen ins Theater, verbilligte Plätze natürlich. Schnell erwachte bei dem jungen Kästner die Liebe zur Bühne – und die Mutter förderte sie, so wie sie alles in großer Zuneigung förderte, was ihren Sohn weiterbrachte. Emil Kästner war bei all dem nicht dabei und spielte in jeder Hinsicht nur eine untergeordnete Rolle.[37]

---

[34] Vgl. Luiselotte Enderle, Erich Kästner, a. a. O., 27. Später beschrieb Kästner in seiner Autobiographie die Schulen seiner Zeit als „Kinderkasernen" (Erich Kästner, Als ich ein kleiner Junge war, in: Erich Kästner Werke, VII, 64).
[35] Kästner schreibt darüber in seiner Autobiographie, vgl. Erich Kästner, Als ich ein kleiner Junge war, in: Erich Kästner Werke, VII, 103f.
[36] Vgl. Helga Bemmann, Erich Kästner, a. a. O., 24ff.
[37] Vgl. Erich Kästner, Als ich ein kleiner Junge war, in: Erich Kästner Werke, VII, 79.

Die Aufnahmeprüfung in die Übergangsklasse von der Bürgerschule zum Lehrerseminar war für Erich Kästner bei so viel Förderung kein Problem. 1913, im Jahr seiner Konfirmation[38] in der in der Dresdner Inneren Neustadt gelegenen Dreikönigskirche, wurde er ins `Freiherrlich von Fletscher´sche Lehrerseminar´[39] aufgenommen. Aus der Erinnerung an seinen Schulalltag schrieb Kästner später: „Morgenandacht, Abendandacht, Orgelspiel, Kaisers Geburtstag, Sedanfeier, Schlacht bei Tannenberg, Fahnen im Turm, Osterzensuren, Entlassung der Einberufenen, Eröffnung der Kriegsteilnehmerkurse, immer wieder Orgelspiel und Festreden voller Frömmigkeit und Würde. Einigkeit und Recht und Freiheit hatte sich in der Atmosphäre

---

[38] Kästner hat viele Jahre später ein Gedicht über die Konfirmation geschrieben: „Da steht er nun, als Mann verkleidet,/und kommt sich nicht geheuer vor./Fast sieht er aus, als ob er leidet./Er ahnt vielleicht, was er verlor./Er trägt die erste lange Hose./Er spürt das erste steife Hemd./Er macht die erste falsche Pose./Zum ersten Mal ist er sich fremd./Er hört sein Herz mit Hämmern pochen./Er steht und fühlt, daß gar nichts sitzt./Die Zukunft liegt ihm in den Knochen./Er sieht so aus, als hätt's geblitzt./Womöglich kann man noch genauer/erklären, was den Jungen quält;/Die Kindheit starb; nun trägt er Trauer/und hat den Anzug schwarz gewählt./Er steht dazwischen und daneben./Er ist nicht groß. Er ist nicht klein./Was nun beginnt, nennt man das Leben./Und morgen früh tritt er hinein" (Erich Kästner, Zur Fotografie eines Konfirmanden, in: Erich Kästner Werke, I, 235f.). Das Gedicht ist Teil der Sammlung `Nachlese´ (1969), die auf `Doktor Erich Kästners Lyrische Hausapotheke´ aus dem Jahre 1936 zurückgeht. Die Gedichte der `Lyrischen Hausapotheke´ erreichten Marcel Reich-Ranicki (1920-2013) als Geburtstagsgeschenk im Warschauer Ghetto, wo sie mit anderen Kästner-Gedichten, die handschriftlich kopiert worden waren, kursierten, vgl. dazu auch Luiselotte Enderle, Erich Kästner, a. a. O., 93.
[39] Das Seminar war 1769 durch eine Stiftung von Friederica Christiana Elisabeth von Fletscher (1727-1778) gegründet worden. Bis in die 1920er Jahre hinein wurden dort Pädagogen ausgebildet. 1945 wurde die Schule zerstört und 1961 wiederaufgebaut. Heute ist dort eine Waldorfschule untergebracht. Eines seiner Heftchen aus Kästners Zeit im Seminar mit Jahreszahlen ist erhalten in dem Marbacher Katalog: Ordnung. Eine unendliche Geschichte (marbacherkatalog 61), hg. v. Deutschen Literaturarchiv Marbach, Marbach 2007, 61f.

dieses Raumes festgebissen."[40] Hier in diesem Internat herrschte der Geist des wilhelminischen Deutschlands: Betrat ein alter Lehrer, im schwarzen Gehrock mit Monokel, das Klassenzimmer, so hatten die Seminaristen stramm zu stehen und ihn zu grüßen.[41] Kästner war auch hier der Primus, aber er litt unter dem Drill: „Der Staat lenkte unsere Erziehung dorthin, wo er den größten Nutzeffekt sah. Er ließ sich in den Seminaren blindlings gehorsame, kleine Beamte mit Pensionsberechtigung heranziehen. Unser Unterrichtsziel lag nicht niedriger als das der Realgymnasien. Unsere Erziehung bewegte sich auf der Ebene der Unteroffiziersschulen. Das Seminar war eine Lehrerkaserne."[42] Kästner lehnte sich zunehmend gegen diese Erziehungsmethoden auf, wurde bestraft und erhielt

---

[40] Erich Kästner, Fabian, in: Erich Kästner Werke, III, a. a. O., 184. Kästners Biographin Helga Bemmann schreibt: „Fabian ist das Buch Kästners, das die moralistischen Intentionen und weltanschaulichen Positionen seines Autors am stärksten zur Geltung bringt" (Helga Bemmann, Erich Kästner, a. a. O., 181). Von rechts wurde er in den Kritiken 1931 deshalb stark attackiert und u. a. als `Autor der nationalen Schande´ bezeichnet, von links allerdings auch genauso stark verteidigt, vgl. Helga Bemmann, Erich Kästner, a. a. O., 183.
[41] In seinem Buch `Das fliegende Klassenzimmer´ (1933), im Sommer am bayrischen Eibsee geschrieben, hat Kästner viele Details eingefügt, die aus seiner eigenen Schulzeit als externer Internatsschüler stammten, und seine eher leidvollen Erfahrungen positiv verwandelt – die Klassengemeinschaft verstand sich, die Lehrer waren verständig, vgl. Erich Kästner, Das fliegende Klassenzimmer, in: Erich Kästner Werke, VIII, 41-159. Selbst für das `Karlinchen´, das im Vorwort auftaucht, gibt es eine reale Vorlage: die Dresdner Schauspielerin Cara Gyl (eigentlich: Käthe Hörnemann), mit der Kästner von Januar bis November 1933 liiert war und die wegen eines Nervenzusammenbruchs in die Psychiatrie eingeliefert wurde. Denkt man an Lehrer dieser Zeit, so fällt einem die treffliche Persiflage von Heinz Rühmann in der `Feuerzangenbowle´ ein, vgl. Torsten Körner, Ein guter Freund. Heinz Rühmann, Biographie, Berlin 2001, ²2001, 31.
[42] Erich Kästner, Zur Entstehungsgeschichte des Lehrers, in: Erich Kästner II, 75-77, Zitat auf 77. Seine Mitschüler beschreibt er als „Gehorsamsautomaten" (ebda).

Karzer. Kein Wunder, dass er zusehends von seinem alten Berufswunsch, Lehrer zu werden, abrückte.

Den Ausbruch des Ersten Weltkriegs Anfang August 1914 erlebte Erich Kästner mit seiner Mutter und seiner Cousine[43] in der Sommerfrische in Müritz an der Ostsee.[44] Alles flüchtete nach der kaiserlichen Mobilmachung am 1. August 1914 aus den Strandkörben nach Hause: „Der Tod setzte den Helm auf. Der Krieg griff zur Fackel. Die apokalyptischen Reiter holten ihre Pferde aus dem Stall. Und das Schicksal trat mit dem Stiefel in den Ameisenhaufen Europa. Jetzt gab es keine Mondscheinfahrten mehr, und niemand blieb in seinem Strandkorb sitzen. Alle packten die Koffer. Alle wollten nach Hause. Es gab kein Halten."[45] Ein kollektiver nationaler Rausch hatte Deutschland erfasst, eine aggressive vergiftete Atmosphäre vor allem gegen den `Erbfeind´ Frankreich hatte sich mit geballter Wucht entladen. Man war stolz auf die deutsche Nation, das `deutsche Vaterland´, und auf seine militaristische

---

[43] Der Urlaub war von Kästners Tante Lina, der Frau des wohlhabenden Pferdehändlers Franz Augustin, unter der Bedingung, deren Tochter Dora mitzunehmen, finanziert worden, vgl. Helga Bemmann, Erich Kästner, a. a. O., 30. Luiselotte Enderle zufolge wurde Kästners Cousine Dora Augustin zur Vorlage für Pony Hütchen in `Emil und die Detektive´ und für `Pünktchen´ in Pünktchen und Anton, vgl. Luiselotte Enderle, Erich Kästner, a. a. O., 29. Sven Hanuschek, Erich Kästner, berichtet dagegen von Kästners Freundin Margot Schönlank, deren Spitzname Pony war und die die Vorlage für `Pony Hütchen´ gewesen sei, vgl. Sven Hanuschek, Keiner blickt, a. a. O., 142. Dora Augustin starb während der Presswehen bei der Geburt ihres ersten Kindes, vgl. Sven Hanuschek, Erich Kästner, a. a. O., 28.

[44] Zu den umstürzenden Ereignissen und Hintergründen vgl. weiterführend Ian Kershaw, Höllensturz. Europa 1914-1949, München 2016, ³2019, bes. 42ff. und 73-97. Der Autor (geb. 1943) war bis zu seiner Emeritierung Professor für Modern History an der University of Sheffield.

[45] Erich Kästner, Als ich ein kleiner Junge war, in: Erich Kästner Werke, VII, 147f.

Tradition. Die Seminaristen in Dresden verschonte der Krieg nicht. 1917 wurde auch der achtzehnjährige Kästner einberufen, und zwar in die Einjährig-Freiwilligen-Kompanie, die schwere Fuß-Artillerie, als Offiziersanwärter, Richtkanonier und Geschützführer.[46] Viele der älteren Jahrgänge waren längst auf dem `Feld der Ehre´, wie es damals die grausame Realität beschönigend hieß, gefallen. Der militärische Drill und die Grausamkeiten, zu alledem noch ein sadistischer Ausbilder[47], hinterließen bleibende gesundheitliche Spuren bei Erich Kästner. Er bekam Herzkrämpfe, eine Herzneurose – ein irreparabler Herzschaden als Folge militärischer Willkür auf dem Exerzierplatz. Für ihn jedoch wurde dieser Herzfehler lebensrettend: Er machte ihn frontuntauglich! Nach seinem Lazarettaufenthalt wurde Kästner nach Köln-Wahn abbeordert, wo er mit Ingenieuren und Professoren zusammenarbeiten durfte. Kästner war froh, als er am Ende des Krieges seinen Karabiner in der Dresdner Kaserne abgeben konnte. Aus dem unpolitischen jungen Mann war ein Kriegsgegner, ein militanter Antimilitarist und Pazifist geworden[48], der seine Kriegserfahrungen und den Geist des

---

[46] Das Lebensgefühl seiner Generation hat Kästner in einem Gedicht in seinem Band `Herz auf Taille´ festgehalten, in dem es in einer Strophe heißt: „Wir haben der Welt in die Schnauze geguckt/anstatt mit Puppen zu spielen./Wir haben der Welt auf die Weste gespuckt,/soweit wir vor Ypern nicht fielen" (Erich Kästner, Jahrgang 1899, in: Erich Kästner Werke, II, 9).

[47] Kästner hat mit ihm später in einem Gedicht abgerechnet, veröffentlicht in seinem Gedichtband `Lärm im Spiegel´, vgl. Erich Kästner, Sergeant Waurich, in: Erich Kästner Werke, I, 65f.

[48] „Erich Kästner war aus tiefer Überzeugung ein erklärter Gegner des Militärs" (Rudolf Wolff, Nachwort, in: ders. [Hg.], Erich Kästner, a. a. O., 120-127, Zitat auf 123).

für den Krieg verantwortlichen wilhelminischen Deutschlands später in mehreren Antikriegs-Gedichten festhielt.[49] Eines davon hieß, in Anlehnung an Goethes berühmtes Gedicht `Mignon´[50], `Kennst du das Land, wo die Kanonen blühn?´:

„Kennst Du das Land, wo die Kanonen blühn?/Du kennst es nicht? Du wirst es kennenlernen!/Dort stehn die Prokuristen stolz und kühn/in den Bureaus, als wären es Kasernen./ (...) Dort reift die Freiheit nicht. Dort bleibt sie grün./Was man auch baut – es werden stets Kasernen./Kennst Du das Land, wo die Kanonen blühn?/Du kennst es nicht? Du wirst es kennenlernen."[51]

Ein anderes trug den Titel `Primaner in Uniform´:

„Der Rektor trat, zum Abendbrot,/bekümmert in den Saal./Der Klassenbruder Kern sei tot./Das war das erste Mal./Wir saßen bis zur Nacht im Park/und dachten lange nach./Kurt Kern gefallen bei Langemarck,/saß zwischen uns und sprach./Dann lasen wir wieder Daudet und Vergil/und wurden zu Ostern versetzt./Dann sagte man uns, daß Heimbold fiel./Und Rochlitz sei schwer verletzt. Herr Rektor Jobst war Theolog/für Gott und Vaterland./Und jedem, der in den Weltkrieg zog,/gab er zuvor die Hand./

---

[49] Eine schöne Sammlung dieser Gedichte findet man bei Rudolf Wolff (Hg.), Erich Kästner. Lesestoff, Zündstoff, Brennstoff. Lyrik und Prosa gegen den Krieg, Berlin 1984.
[50] Vgl. Johann Wolfgang von Goethe, `Kennst Du das Land, wo die Zitronen blühn?´, aus `Wilhelm Meisters Lehrjahre´, online zugänglich im Gutenberg-Projekt des Nachrichtenmagazins DER SPIEGEL unter: https://gutenberg.spiegel.de/buch/wilhelm-meisters-lehrjahre-3669/34
[51] Erich Kästner, Kennst Du das Land, wo die Kanonen blühn?, in: Erich Kästner Werke, I, 26. Es befindet sich in Kästners Gedichtband `Herz auf Taille´. Kästner selbst trägt es hier vor: https://www.youtube.com/watch?v=r2I9FQNFzDA (aufgerufen am 21.6.2019). Gisela May (1924-2016) ist mit einer Vertonung des Gedichts hier zu hören: https://www.youtube.com/watch?v=CndLZIyQZdg (aufgerufen am 21.6.2019).

Kerns Mutter machte ihm Besuch./Sie ging vor Kummer krumm./Und weinte in ihr Taschentuch/vorm Lehrerkollegium./Der Rochlitz starb im Lazarett./Und wir begruben ihn dann./Im Klassenzimmer hing ein Brett/mit den Namen der Toten daran./ Wir saßen oft im Park am Zaun./Nie wurde mehr gespaßt./Inzwischen fiel der kleine Braun,/Und Koßmann wurde vergast./Der Rektor dankte Gott pro Sieg./Die Lehrer trieben Latein./Wir hatten Angst vor diesem Krieg./Und dann zog man uns ein./Wir hatten Angst. Und hofften gar,/es spräche einer Halt!/Wir waren damals achtzehn Jahr,/und das ist nicht sehr alt./Wir dachten an Rochlitz, Braun und Kern./Der Rektor wünschte uns Glück./Und blieb mit Gott und den andern Herrn/gefaßt in der Heimat zurück."[52]

In einem weiteren Anti-Kriegs-Gedicht verarbeitete Kästner die grausame Verdun-Schlacht. Es hieß `Verdun, viele Jahre später´:

„Auf den Schlachtfeldern von Verdun/finden die Toten keine Ruhe./Täglich dringen dort aus der Erde/Helme und Schädel, Schenkel und Schuhe./Über die Schlachtfelder von Verdun/laufen mit Schaufeln bewaffnete Christen,/kehren Rippen und Köpfe zusammen/und verfrachten die Helden in Kisten./Oben am Denkmal von Douaumont/liegen zwölftausend Tote im Berge./Und in den Kisten warten achttausend/Männer vergeblich auf passende Särge./Und die Bauern packt das Grauen./Gegen die Toten ist nichts zu erreichen./Auf den gestern gesäuberten Feldern/liegen morgen zehn neue Leichen./Diese Gegend

---

[52] Erich Kästner, Primaner in Uniform, in: Erich Kästner Werke, I, 139. Es ist Teil von Kästners Lyrikband `Ein Mann gibt Auskunft´. Kästner hat dem Gedicht noch eine Zusatzbemerkung angefügt: „Anmerkung: Noch heute erinnern sie sich, dabei ihre Pensionen verzehrend, gerne der großen Zeit" (140).

ist kein Garten,/und erst recht kein Garten Eden./Auf den Schlachtfeldern von Verdun/stehn die Toten auf und reden./Zwischen Ähren und gelben Blumen,/zwischen Unterholz und Farnen/greifen Hände aus dem Boden,/um die Lebenden zu warnen./Auf den Schlachtfeldern von Verdun/wachsen Leichen als Vermächtnis./Täglich sagt der Chor der Toten:/"Habt ein besseres Gedächtnis!"[53]

8,5 Millionen tote Soldaten und 21 Millionen Verwundete hatte der Krieg gekostet – ein technisierter Krieg, dessen brutale Materialschlacht in die Geschichte eingegangen ist: Erstmals waren Maschinengewehre, Giftgas, Panzer, Handgranaten, Flammenwerfer und Kampfflugzeuge großflächig zum Einsatz gekommen und hatten unvorstellbares Unheil angerichtet. 1918, der Krieg war beendet, herrschte großes soziales Elend, vor allem in den Städten: Arbeitslosigkeit, Nahrungsmittelknappheit, Wohnungsmangel. Es kam zu Streiks und sozialen Unruhen, schließlich zur Revolution: Die Weimarer Republik wurde ausgerufen!

---

[53] Erich Kästner, Verdun, viele Jahre später, in: Erich Kästner Werke, I, 217f. Das Antikriegs-Gedicht ist Teil der Anthologie `Gesang zwischen den Stühlen´ und erschien am 3.3.1931 in der `Weltbühne´ unter dem Titel: `Auf den Schlachtfeldern von Verdun´.

II. Studium und erste Berufsjahre in der Weimarer Republik

Kästner musste jetzt erst nochmal die Schulbank drücken. Er absolvierte einen Kurs im Strehlener Lehrerseminar. Als Zwanzigjähriger hospitierte er im Dresdner König-Georg-Gymnasium, einem Reformgymnasium. Zum ersten Mal erlebte er, „was Freiheit in der Schule"[54] ist. In der Schulzeitung veröffentlichte Kästner im Juni 1919 übrigens auch sein erstes Gedicht. Es trug den Titel `Die Jugend schreit´.[55] Kästner büffelte Englisch und legte 1919 seine Abiturprüfung mit Auszeichnung ab – was ihm das `Goldene Stipendium der Stadt Dresden´ einbrachte.[56] Nun wollte er studieren, das Stipendium war allerdings an eine sächsische Universität gebunden. Kästner entschied sich für die Leipziger Universität, und zwar für die Studiengänge Germanistik, Geschichte, Philosophie und Theaterwissenschaft, und immatrikulierte sich am 29. September

---

[54] Erich Kästner, Als ich ein kleiner Junge war, in: Erich Kästner Werke, II, 77.
[55] Vgl. Franz Josef Görtz/Hans Sarkowicz, Erich Kästner, a. a. O., 33ff., die erstmals einen Nachweis dafür erbrachten. Am 10. November 1920 erschien Kästners erste Prosa-Erzählung.
[56] Zwei Freundschaften blieben aus dieser Zeit: die zu Ralph Zucker, der später Medizin studierte und ein glänzendes Staatsexamen ablegte. Er erschoss sich, nachdem ein Kommilitone ihn angelogen hatte, er sei durch die letzte Prüfung im Staatsexamen gefallen. Kästner setzte ihm in seinem `Fabian´ in der Person von dessen Freund Labude, dem ein neidischer Kollege erzählte, dass seine Habilitation nicht anerkannt werden würde, woraufhin sich Labude erschoss, ein literarisches Denkmal. Ferner verewigte Kästner Werner Buhre, mit dem eine Freundschaft bis zum Tod bestand. Buhre, der zwischenzeitlich eine Gummivertretung hatte, gab diese im Januar 1931 auf und arbeitete ausschließlich für die UfA, zunächst als Komparse, dann als Regieassistent und Hilfsdramaturg und schließlich als Regisseur einiger einschlägiger Nazi-Propagandafilme.

1919. Die Möglichkeit für Kinder aus Kleinbürger- oder Arbeiterfamilien studieren zu dürfen war damals in Deutschland, im zuende gehenden Kaiserreich, eine große Ausnahme – in der Regel war das kostenpflichtige Studium den Kindern von Ärzten, Beamten und Gutsbesitzern vorbehalten. Wer kein Geld hatte, konnte nicht studieren.
Kästners Studienbeginn zum Wintersemester 1919 in der alten Messe-, Buch- und Zeitungsstadt fiel in eine politisch turbulente Zeit. Nach der Revolution wurde unter Schmerzen der neue Staat, die Weimarer Republik, geboren.[57] Politische Kämpfe zwischen Rechten und Linken prägten das Bild in den Straßen der Innenstädte, es kam zu Streiks, Putschversuchen und Attentaten, Inflation herrschte. Kästner las viel, schrieb viel und veröffentlichte viel – vor allem Lyrik.[58] Und er stürzte sich ins Studentenleben. Im Sommer 1919, mit knapp 21 Jahren, lernte er die drei Jahre jüngere Ilse Julius[59] kennen. Sie wurde seine erste große Liebe. Sie trug sich mit Plänen, Kästner zu heiraten, sobald dieser seine geplante Doktorarbeit über

---

[57] Die Lektüre dazu ist unüberschaubar geworden. Wer sich einen ersten Überblick verschaffen möchte, der greife zu Gunter Mai, Die Weimarer Republik, München 2009.
[58] Ein erstes Gedicht hatte er bereits in der Theaterzeitschrift `Der Zwinger´ veröffentlicht. 1920 veröffentlichte er drei Gedichte in `Dichtungen Leipziger Studenten´ sowie erste Zeitungsartikel.
[59] Ilse Julius (1902-1964) – sie nannte sich nach ihrer Großmutter auch Beeks-Julius – kam aus einem ähnlichen Dresdner Milieu wie Erich Kästner: Die Beziehung zu ihrer Mutter war eng, allerdings waren ihre Eltern geschieden. Ilse Julius studierte Chemie (Dipl. ing.) und promovierte 1929. Nebenher jobbte sie als Immobilienmaklerin und spekulierte mit Devisen. Kästner und sie verbanden die gleichen Interessen: Bücher, Theater, die Oper. Sie war anscheinend die einzige Frau, der es gelang, in die Mutter-Sohn-Symbiose einzudringen und eine gute Beziehung zu Kästners Mutter aufzubauen, vgl. weiterführend Sven Hanuschek, Keiner blickt, a. a. O., 98-118, wo sich auch Fotos von Ilse Julius befinden.

`Lessings Hamburger Dramaturgie´ abgeschlossen hätte.[60] Kästners Berufsziel in dieser Zeit war: Theaterregisseur.[61] Daheim in Dresden ging er mit seiner Mutter bei Besuchen an den Wochenenden ins Dresdner Schauspielhaus und wirkte dort als Statist mit.[62] Er musste dazuverdienen, denn das Stipendium und die Unterstützung der Eltern reichten zum Leben vorne und hinten nicht. So nahm er mehrere Nebenjobs an: Er half bei der Leipziger Messe mit beim Verkauf und jobbte u. a. als Parfumverkäufer. Die schlecht entlohnte Tätigkeit sicherte ihm, dem Herzkranken, der keine schwere Arbeit verrichten durfte, zumindest ein kleines Zubrot. Doch die Geldsorgen plagten ihn weiter. Die Inflation fraß langsam, aber sicher sein Stipendium auf. Es ermöglichte ihm jedoch, zum vierten Semester für ein Semester nach Rostock zu wechseln – was vermutlich auch ein Zugeständnis an seine Freundin war, die dort Chemie studierte – und dann für ein Semester nach Berlin.[63] Der Winter war hart, das Geld für Kohlen reichte nicht, und das fürs Essen bald auch nicht mehr.

---

[60] Kästner wird diese Arbeit abbrechen und er wird auch diese Beziehung abbrechen. Es scheint so, als ginge er mit einem Nebensatz im `Fabian´, seinem Alter Ego, darauf ein, vgl. Erich Kästner, Der Gang vor die Hunde, a. a. O., 39.
[61] Vgl. Helga Bemmann, Erich Kästner, a. a. O., 37.
[62] Luiselotte Enderle berichtet, wie Kästner den österreichisch-jüdischen Schriftsteller und Regisseur Berthold Viertel (1885-1953) beim Barbier in Dresden ansprach und es auf diese Weise zu einem Kontakt kam, vgl. Luiselotte Enderle, Erich Kästner, a. a. O., 39.
[63] In Berlin hört er Vorlesungen bei dem bekannten evangelischen Theologen und Philosophen Ernst Troeltsch (1865-1923). Kästner veröffentlicht 1923 einen Aufsatz, in dem er den verstorbenen linksliberalen Politiker und Kämpfer für die Demokratie würdigt, vgl. Erich Kästner, Von der Ernüchterung der Wissenschaft, in: Leipziger Tageblatt v. 21.7.1923.

Kästner fror und hungerte. Ein Jahr später, 1922, wechselte er zurück nach Leipzig.[64] Der umtriebige Student im sechsten Semester wurde nun Famulus, eine Art `wissenschaftliche Hilfskraft´, beim renommierten Königlich Sächsischen Geheimen Hofrat Albert Köster[65]. Der etwa sechzigjährige Köster war damals der wichtigste Theaterhistoriker seiner Zeit und wurde später auch der Betreuer von Kästners Doktorarbeit. Neben Gelegenheitsjobs zum Broterwerb – das Geld reichte nach wie vor vorne und hinten nicht, so dass Kästner Werkstudent wurde – studierte Kästner fleißig. Allein für das Wintersemester 1922/23 sind siebzehn Lehrveranstaltungen, die er besuchte, nachweisbar! Er verfasste Seminararbeiten, schrieb Theaterkritiken, jede Menge Briefe und Postkarten an seine Freundin und an seine Mutter, und veröffentlichte weitere Gedichte.[66] Sein Schreiben zeigte bald erste Früchte: Als er im Februar 1923 eine Glosse über die Inflation mit dem

---

[64] Bei Helga Bemmann befindet sich ein Auszug von Kästners Vorlesungsverzeichnis, vgl. Helga Bemmann, Erich Kästner, a. a. O., 48.
[65] Albert Köster (1862-1924) aus Hamburg, Germanist und Theaterwissenschaftler, war ein Kenner der Werke Goethes und Theodor Storms, dessen erste textkritische Ausgabe er edierte. Er war ab 1899 Ordinarius für Neuere deutsche Sprache und Literatur an der Universität Leipzig. Der Experte für die deutsche Literatur der Aufklärung sammelte Rekonstruktionen von Bühnenmodellen des 16.-19. Jahrhunderts (sie befinden sich heute im Archiv des Münchner Theatermuseums). Kästner hat sich zu Köster direkt geäußert, vgl. Erich Kästner, Köster und Korff. Eine zeitgemäße Betrachtung zur historischen Methodik, in: Erich Kästner Werke, VI, 22-31.
[66] So die Gedichte `Dämmerung´, `Heimkehr´ und `Deine Hände´ in dem Bändchen `Dichtungen Leipziger Studenten´, Weihnacht 1920.

Titel ˋMax und sein Frack´ an das liberale ˋLeipziger Tageblatt´[67] schickte, wurde der Text prompt gedruckt und läutete Kästners Beginn als freier Mitarbeiter auf Honorarbasis an dieser Zeitung und an und weiteren Zeitungen und Zeitschriften des Verlages ein. Professoren, die Not ihrer Studierenden erkennend, hatten zwischenzeitlich einen ˋStudentenmittagstisch´, einen sog. ˋFreitisch´, ins Leben gerufen: Kästner wurde nun regelmäßig von einem Leipziger Stadtbaumeister und dessen Frau zum Mittagessen eingeladen. Dieser verschaffte ihm schließlich eine Stelle als Hilfsbuchhalter bei der Städtischen Baugesellschaft, so dass nun dauerhaft seine finanzielle Grundversorgung gesichert war und ihm genügend Zeit blieb, weiterhin Artikel für Leipziger Blätter zu verfassen. Am 15. Oktober 1924 hatte Kästner nach zehn Semestern sein Studium beendet.[68] Einem Zufall war es zu verdanken, dass Kästner vermutlich schon im Februar 1924 eine Redakteursstelle in der Leipziger Verlagsdruckerei angeboten bekommen[69] und diese Stelle auch angetreten hatte.[70] Das war die Geburtsstunde des Journalisten Erich Kästner: Reportagen,

---

[67] Vgl. Franz Josef Görtz/Hans Sarkowicz, Erich Kästner, a. a. O., 46f. Das ˋLeipziger Tageblatt´ stand der liberalen Deutschen Demokratischen Partei nahe. 1926 wurde das intellektuell geprägte Blatt mit der ˋNeuen Leipziger Zeitung´ zusammengelegt, die zunächst linksliberal, dann sozialdemokratisch ausgerichtet war.
[68] Vgl. Helga Bemmann, Erich Kästner, a. a. O., 47ff., wo sich ein Auszug aus dem Vorlesungsverzeichnis befindet.
[69] Zu den näheren Umständen vgl. Franz Josef Görtz/Hans Sarkowicz, Erich Kästner, a. a. O., 51.
[70] Kästners damaliger Vorgesetzter bei der ˋNeuen Leipziger Zeitung´ und auch sein Förderer war Hans Natonek (1892-1963), ein deutsch-tschechischer Journalist und Schriftsteller und Feuilletonchef. Der Sohn eines Prager Rabbiners ließ sich 1917 taufen und gründete eine Familie. Im April 1933 wurde ihm gekündigt, seine Bücher kamen auf

Kunstkritiken, Satiren, Glossen und Stories entstanden nun in Hülle und Fülle, auch politische Leitartikel und Kommentare! Nun konnte er seinen Lebensunterhalt selbst finanzieren. Aufgrund des Suizids seines Doktorvaters[71] erhielt Kästner die Möglichkeit, das Thema seiner Dissertation zu wechseln und es mehr einzugrenzen. `Die Erwiderungen auf Friedrichs des Großen Schrift `De la littérature allemande´: Ein Beitrag zur Charakterisierung der deutschen Geistigkeit um 1780´[72] lautete sein neues Thema. Sein neuer Doktorvater war Professor Georg Witkowski[73],

---

die `Liste des schädlichen und unerwünschten Schrifttums´, seine Ehe wurde geschieden. Natonek emigrierte 1935 aus Deutschland. Über Prag und Paris gelang ihm die Flucht über die Pyrenäen in die USA. 1946 wurde er US-amerikanischer Staatsbürger. Er schlug sich mit Gelegenheitsarbeiten als Auto- und Leichenwäscher durch und konnte als Schriftsteller, obwohl er für die New Yorker Emigrantenzeitung `Aufbau´ schrieb, keinen Fuß fassen. Bis in die 1980er Jahre geriet er in Vergessenheit; erst 2006 erschienen eine Auswahl seiner Werke und 2013 eine erste Biographie über ihn.

[71] Kästner veröffentlicht einen Nachruf auf den am 29. Mai 1924 Verstorbenen, vgl. Erich Kästner, Erinnerungen, in: Leipziger Tageblatt v. 31.5.1924.

[72] Vgl. Rudolf Walter Leonhardt, Kinder, Frauen, Detektive, in: DIE ZEIT v. 14.1.1999: https://www.zeit.de/1999/03/Kinder_Frauen_Detektive/komplettansicht (aufgerufen am 14.6.2019). Der Journalist Rudolf Walter Leonhardt (1921-2003), von 1957 bis 1973 Feuilleton-Chef der ZEIT und ab 1973 stellvertretender Chefredakteur, war ein guter Bekannter Erich Kästners. In der ZEIT v. 25.10.2017 machte Iris Radisch (geb. 1959), seit 2013 gemeinsam mit Adam Soboczynski (geb. 1975) Feuilleton-Chefin der ZEIT, im Kontext der Harvey-Weinstein-Affäre den Sexismus Leonhardts in der ZEIT-Redaktion publik: https://www.zeit.de/2017/44/sexismus-medien-hamburg-zeit-verlag (aufgerufen am 14.6.2019).

[73] Der Germanist Georg Witkowski (1863-1939), Sohn eines jüdischen Kaufmanns, hatte in München 1886 `summa cum laude´ promoviert und war ab 1897 Extraordinarius für Deutsche Sprache und Literatur an der Universität Leipzig. Er gab Klassikerausgaben heraus, darunter Schiller- und Lessing-Werkausgaben und sämtliche Werke des bis dato vergessenen Barockschriftstellers Christian Reuter (1665-nach 1711). Witkowski stand mit Dichtern seiner Zeit wie Hugo von Hoffmannsthal (1874-1929) in freundschaftlichem Kontakt, auch mit seinen Schülern, zu denen nicht nur Kästner, sondern auch der Nationalsozialist Hanns Johst (1890-1978), ab 1935 Präsident der Reichsschrifttumskammer, gehörte. 1932 verlieh ihm Reichspräsident Paul von Hindenburg (1847-1934) die `Goethe-Medaille für Kunst und Wissenschaft´; bereits ein Jahr später wurde Witkowski aufgrund des `Gesetzes zur Wiederherstellung des Berufsbeamtentums´ die Lehrbefugnis entzogen und 1934 sein Ruhegehalt. 1937 kurzzeitig in

eine Kapazität auf dem Gebiet der Deutschen Sprache und Literatur an der Universität Leipzig. Um mehr Zeit zum Schreiben zu haben, ließ sich Kästner als Redakteur beurlauben und zog zurück nach Dresden, wo er mehr Ruhe hatte als in Leipzig und sich von seiner Mutter versorgen ließ. Seine Arbeit – er verteidigte in ihr die deutsche Literatur gegen Angriffe Friedrichs II. – wurde hochgelobt.[74] Nach seinem sehr guten Rigorosum am 8. Juli 1925 war es dann soweit, er hatte es geschafft: Erich Kästner war Doktor der Philosophie![75]

Gestapo-Haft, emigrierte Wittkowski 1939 zu Verwandten nach Leiden. Er starb an den Folgen von Krebs im Alter von 76 Jahren in Amsterdam.
[74] Die Dissertation wird heute als Kästners Bekenntnis zur Aufklärung gewertet. Sie blieb im Jahr 1925 die einzige, die mit der Note Eins bewertet wurde und erschien erst 1972 unter dem Titel `Friedrich der Große und die deutsche Literatur´.
[75] Vgl. Helga Bemmann, Erich Kästner, a. a. O., 59ff.

III. Erste Erfolge als Schriftsteller

Kästner ging es gut: Er hatte es geschafft, auf eigenen Füßen zu stehen. Er war in seine Redaktion zurückgekehrt, bezog als Redakteur ein festes, ordentliches Gehalt und wohnte jetzt zur Untermiete in zwei Zimmern bei einer Rechtsanwaltswitwe in der Hohen Straße 51. Am liebsten arbeitete er im Café Merkur, seinem Stammcafé, vis à vis zur Thomaskirche, oder im Café Felsche am Augustusplatz. Dort kannte man den freundlichen Herrn „mit den festen Gewohnheiten und dem verschmitzten Blick bald. Beinahe täglich, wenn irgend möglich des Nachmittags um halb fünf, betritt er das Kaffeehaus. Stets ist er korrekt gekleidet – im einreihigen Maßanzug, weil er nicht noch kleiner wirken möchte, als er mit seinen 168 Zentimetern ohnehin ist. Manchmal hat er Bücher dabei, immer aber einen kleinen Schreibblock mit Kästchenmuster und Bleistifte, sein bevorzugtes Schreibgerät."[76] Kästner publizierte erfolgreich Gedichte, Glossen und heitere Betrachtungen, aber auch ernsthafte Berichte in renommierten überregionalen Blättern wie der `Vossischen Zeitung´, dem `Uhu´, dem `Berliner Tageblatt´ und dem `Simplicissimus´: Die `Vossische Zeitung´ war die älteste Zeitung Berlins und vertrat die Positionen des liberalen Bürgertums, der Beamten und Intellektuellen, die innenpolitisch

---

[76] Isa Schikorsky, Erich Kästner, a. a. O., 29.

der Deutschen Demokratischen Partei (DDP)[77] nahestand.[78] Der `Uhu´ war eine im Berliner Ullstein-Verlag erscheinende Monatszeitschrift, die von 1924 bis 1934 erschien.[79] Das `Berliner Tageblatt´ war von 1872 bis 1933 eine linksliberale überregionale Tageszeitung, die von dem liberalen deutsch-jüdischen Schriftsteller, Kritiker und Publizisten Theodor Wolff[80] herausgegeben wurde; in der Weimarer Republik galt das Blatt als inoffizielles Parteiorgan der DDP.[81] Der `Simplicissimus´ (lat.: `Der Einfältigste´) war eine Münchner Satire-Wochenzeitschrift, die

---

[77] Die DDP war eine linksliberale Partei in der Weimarer Republik. Sie wurde Ende November 1918 neben Theodor Wolff gegründet von Professoren wie Max Weber (1864-1920), Alfred Weber (1868-1958) und Hugo Preuß (1860-1925). Zum DDP-Vorsitzenden wurde auf dem Parteitag 1919 Friedrich Naumann (1860-1919) gewählt. Anhänger und Mitglieder der DDP kamen aus dem Bildungsbürgertum (Lehrer, Hochschullehrer, leitende Angestellte und Beamte, Industrielle). Prominente Parteimitglieder waren u. a. Außenminister Walther Rathenau (1867-1922), der spätere erste Bundespräsident Theodor Heuss (1884-1963) und der Philosoph und Rektor der Hamburger Universität, Ernst Cassirer (1874-1945). Gegen Ende spaltete sich die DDP in einen nationalistisch-antisemitischen und einen radikaldemokratischen Flügel. 1933 wurde sie im Rahmen der `Gleichschaltung´ aufgelöst. Nach dem Zweiten Weltkrieg beteiligten sich ehemalige führende Mitglieder der DDP an der Gründung der Freien Demokratischen Partei (FDP).
[78] Digitalisate der `Vossischen Zeitung´ aus den Jahren 1848 bis 1934 findet man hier: http://zefys.staatsbibliothek-berlin.de/list/title/zdb/27112366/ (aufgerufen am 26.6.2019).
[79] Online zugänglich unter: https://www.arthistoricum.net/themen/textquellen/illustrierte-magazine-der-klassischen-moderne/die-zeitschriften/uhu/ und https://litkult1920er.aau.at/themenfelder/uhu/ (aufgerufen am 19.6.2019).
[80] Theodor Wolff (1868-1943), aus einer großbürgerlich-jüdischen Familie stammend, war von 1906 bis 1933 Chefredakteur des `Berliner Tageblatts´. Obwohl er die DDP mitgegründet hatte, trat er 1926 aus der Partei aus. 1934 ging er mit seiner Familie ins Exil nach Frankreich. 1937 wurde ihm die deutsche Staatsbürgerschaft aberkannt. Nach der Besetzung Frankreichs 1940 gelang ihm die Flucht in die USA nicht. Er wurde verhaftet und ins KZ Sachsenhausen deportiert. Nach kurzer Krankheit starb er am 23.9.1943 im Jüdischen Krankenhaus in Berlin. Auf ihn geht der Theodor-Wolff-Preis zurück, der seit 1961 vom Bundesverband Deutscher Zeitungsverleger verliehen wird, vgl. weiterführend Bernd Sösemann, Theodor Wolff. Ein Leben mit der Zeitung, Stuttgart 2012.
[81] Online zugänglich unter: http://zefys.staatsbibliothek-berlin.de/list/title/zdb/27646518/ (aufgerufen am 19.6.2019).

von 1896 bis 1944 erschien. Zahlreiche berühmte Schriftsteller wie Hermann Hesse[82], Arthur Schnitzler[83], Jakob Wassermann[84] Thomas Theodor Heine[85], Peter Suhrkamp[86] und Kurt Tucholsky[87] publizierten in diesen Zeitungen bis zur `Gleichschaltung´ ihre Texte, auch Künstler

---

[82] Der bekannte deutsch-schweizerische Schriftsteller, Dichter und Maler Hermann Hesse (1877-1962), Literaturnobelpreisträger des Jahres 1946, wurde bekannt durch seine Werke `Siddhartha´, `Der Steppenwolf´, `Demian´ und `Das Glasperlenspiel´, auch durch Gedichte (wie `Stufen´). Er hatte als einer der wenigen für Kästners `Fabian´ nach dessen Erscheinen Worte des Lobes gefunden, vgl. Helga Bemmann, Erich Kästner, a. a. O., 188. In den 1970er Jahren erfuhr Hesse eine Renaissance durch die Hippie-Bewegung. Hesses Werke zählen heute (2019) zur Schulliteratur.
[83] Arthur Schnitzler (1862-1931), österreichisch-jüdischer Arzt, Doktor der Medizin, Erzähler und Dramatiker, gilt als einer der bedeutendsten Repräsentanten der Wiener Moderne, als die das Kulturleben der österreichischen Hauptstadt von 1890 bis 1910 bezeichnet wird, einer Gegenströmung zum Naturalismus. Von Schnitzlers Werk ist einiges online zugänglich: https://gutenberg.spiegel.de/autor/arthur-schnitzler-528 (aufgerufen am 3.7.2019).
[84] Die bekanntesten Werke des deutsch-jüdischen Schriftsteller Jakob Wassermann (1873-1934), der zu den erfolgreichsten Romanciers der Wilhelminischen Zeit zählte, der sich für eine friedvollere Welt einsetzte und gegen Rassismus kämpfte, waren `Caspar Hauser oder die Trägheit des Herzens´ (1908) und `Etzel Andergast´ (1931). Mit der Bücherverbrennung 1933 wurden Wassermanns Bücher in Nazi-Deutschland verboten: https://www.deutsche-digitale-bibliothek.de/person/gnd/118629387 (aufgerufen am 3.7.2019).
[85] Thomas Theodor Heine (1867-1948), aus einer großbürgerlich-jüdischen Leipziger Familie stammend, war Zeichner und Schriftsteller. 1898 wurde der Karikaturist, der u. a. für den `Simplicissimus´ und für die `Fliegenden Blätter´ zeichnete, wegen Majestätsbeleidigung zu sechs Monaten Gefängnis verurteilt und 1933 von den Nazis, die er in der Weimarer Republik bekämpft hatte, verfolgt. Vor ihnen gelang ihm die Flucht ins schwedische Exil.
[86] Der Verleger Peter Suhrkamp (1891-1959) war der Gründer des Suhrkamp-Verlags, der einer der bedeutenden Verlage der `alten´ Bundesrepublik Deutschland war. Suhrkamp, der mit Hermann Hesse und Bertolt Brecht befreundet war, verlegte deren Werke.
[87] Der deutsche Journalist, Schriftsteller und Satiriker Kurt Tucholsky (1890-1935), Sozialdemokrat, Pazifist und Antimilitarist, der vom Judentum zum Protestantismus konvertiert war und früh vor der Gefahr des Nationalsozialismus warnte, war einer der gefragtesten Publizisten der Weimarer Republik. Erich Kästner verbrachte einmal zufällig 14 Tage mit Kurt Tucholsky in einem Hotel, vgl. `Begegnung mit Tucho´, in: Erich Kästner Werke, VI, 597-599. Tucholsky, der wie Kästner unter Pseudonym veröffentlichte, hatte in weiser Vorausschau 1929 seinen Wohnsitz dauerhaft nach Schweden verlegt. 1933 verbrannten die Nazis seine Bücher und bürgerten ihn aus, vgl. weiterführend:

wie George Grosz[88] ihre Karikaturen.[89] Mit Walter Mehring[90], Axel Eggebrecht[91] und Hans Sahl[92] gehörte Erich Kästner zu den gefragten Kolumnisten dieser Jahre. In

---

https://tucholsky-gesellschaft.de/ (aufgerufen am 3.7.2019). Kästner schrieb anlässlich Tucholskys Suizid: „Eines Tages hörten seine Freunde und Feinde, daß er aus freien Stücken noch einmal emigriert war. Dorthin, von wo man nicht wieder zurückkehren kann" (Erich Kästner, Begegnung mit Tucho, in: Erich Kästner Werke, VI, 599).

[88] Der deutsch-US-amerikanische Grafiker und Karikaturist George Grosz (1893-1959), dem Expressionismus und der Neuen Sachlichkeit zugehörig, ist durch seine drastischen provokanten sozialkritischen Gemälde und Zeichnungen der Zwanziger Jahre in Erinnerung geblieben. Er kämpfte gegen Militarismus, Obrigkeitsstaat und Untertanenmentalität. Die Nazis stigmatisierten seine Kunst als `entartet´ und verboten sie. Grosz emigrierte 1933 in die USA.

[89] Online zugänglich unter: http://www.simplicissimus.info/index.php?id=5 (aufgerufen am 19.6.2019).

[90] Der deutsch-jüdische Schriftsteller und Satiriker Walter Mehring (1896-1981) gehörte zu den Begründern des politisch-literarischen Kabaretts im Berlin der Weimarer Republik. Er schrieb an gegen Militarismus, Nationalismus, Antisemitismus und Nationalsozialismus. Bei den Nazis verhasst, wurden viele seiner Bücher am 10. Mai 1933 öffentlich verbrannt. 1939 in Frankreich interniert, glückte ihm über La Martinique die Flucht in die USA. 1953 kehrte er nach Europa zurück und lebte zum Schluss in Zürich. Dort liegt er auch begraben.

[91] Der aus Leipzig stammende Journalist und Schriftsteller Axel Eggebrecht (1899-1991), zeitweise der KPD nahestehend und wegen seines demokratischen Engagements kurzzeitig in KZ-Haft, gehörte nach 1945 zu den Mitbegründern des Nordwestdeutschen Rundfunks. Er berichtete 1963 bis 1965 über den Auschwitz-Prozess in Frankfurt am Main. 1972 wurde er zum Vizepräsidenten des PEN-Clubs gewählt.

[92] Hans Sahl (eigentlich Hans Salomon, 1902-1993) war Literatur-, Film- und Theaterkritiker in der Weimarer Republik, u. a. beim `Berliner Börsen-Courier´ und dem `Montag Morgen´ (für den auch Kästner von 1928 bis 1930 wöchentlich ein Gedicht verfasste). Er emigrierte 1933 über Prag und Zürich nach Paris. Nach kurzzeitiger Gefangenschaft in Internierungslagern half er dem US-amerikanischen Journalisten und Freiheitskämpfer Varian Fry (1907-1967) bei der Rettung politisch Verfolgter mit, vgl. Andrea Reiter, Die Exterritorialität des Denkens. Hans Sahl im Exil, Göttingen 2007, bes. 90ff. Ihm selbst gelang über Portugal die Flucht in die USA. In New York entstanden viele seiner Übersetzungen der Pulitzer-Preisträger Arthur Miller (1915-2005) und Tennessee Williams (1911-1983). Sahl erkannte früh Parallelen zwischen den Diktatoren Hitler und Stalin und zwischen Nationalsozialismus und Stalinismus, vgl. Hans Sahl, Das Exil im Exil, FfM 1990, ³1990, 147f. Schon in Paris hatte er einen antistalinistischen Schriftstellerverband gegründet und sich für die Freiheit des Wortes und die Demokratie eingesetzt. 1989 zog er nach Deutschland und engagierte sich 1992 erneut gegen Nazis. Der `Autorenpreis der Bundesrepublik´ ehrt ihn mit dem Hans-Sahl-Preis, einem internationalen Literaturpreis. In Tübingen ist Hans Sahl gestorben und in Berlin liegt er begraben. Ein Foto zeigt ihn zusammen mit Erich Kästner und anderen, vgl. Andrea Reiter, Die Exterritorialität des Dekens, a. a. O., 167.

diese Zeit fiel auch der Beginn der Freundschaft mit dem einflussreichen Lektor Hermann Kesten[93]. Erich Kästners Mutter dürfte es besonders gefreut haben, dass die Texte ihres Sohnes auch in den `Dresdner Neuesten Nachrichten´ erschienen. Sobald Kästner das erste Geld verdiente, bedankte er sich bei ihr mit einer Einladung zu einer Reise und fuhr 1926 mit ihr in die Schweiz und nach Norditalien: „Das ist ein Glück: mit seiner Mutter fahren!/Weil Mütter doch die besten Frauen sind./Sie reisten mit uns, als wir Knaben waren,/ und reisen nun mit uns, nach vielen Jahren,/als wären sie das Kind."[94] Die Beziehung zu Ilse Julius ging 1926, nach acht Jahren, in die Brüche.[95] Kästner

---

[93] Der Erzähler, Essayist und Kritiker Hermann Kesten (1900-1996), Sohn eines jüdischen Kaufmanns aus Galizien, wuchs in Nürnberg auf. Er brach sein Studium und sein Promotionsvorhaben ab, arbeitete als junger Mann im Trödelhandel seiner Mutter mit, reiste und arbeitete dann im Berliner Gustav Kiepenheuer Verlag als Lektor. Er veröffentlichte Romane und, gemeinsam mit Ernst Toller (1893-1939), einige Dramen. Außerdem schrieb er für führende Tageszeitungen. Er gilt als einer *der* Repräsentanten der literarischen Neuen Sachlichkeit. 1933 emigrierte er über Frankreich in die USA (1939). In New York setzte er sich im `Emergency Rescue Committee´ für die Rettung deutschsprachiger Kulturschaffender ein. 1949 nahm er die US-amerikanische Staatsbürgerschaft an, lebte aber von 1953 bis 1977 in Rom. Von 1972 bis 1976 war er Präsident des PEN-Zentrums, das ihm zu Ehren den `Hermann-Kesten-Preis´ stiftete. Er starb im jüdischen Altersheim `La Charmille´ in Riehen/Schweiz. Vgl. Erich Kästner, Hermann Kesten, in: Erich Kästner Werke, VI, 272-274.
[94] Erich Kästner, Junggesellen sind auf Reisen, in: Erich Kästner Werke, I, 66f. Das Gedicht ist Teil von Kästners Gedichtsammlung `Lärm im Spiegel´.
[95] Die Grande Liaison, viele Jahre eine Fernbeziehung, scheiterte anscheinend wegen der zunehmenden Entfremdung zwischen beiden. Zum Zeitpunkt der Trennung war Kästner schon mit einer anderen Frau liiert. Auffällig sind Kästners misogyne Kommentare über die Verflossene und generell über alle Frauen in dieser Zeit. Kästner hielt einen losen Kontakt zu Ilse Julius. Sie lebte nie wieder mit einem Mann dauerhaft zusammen, sondern mit ihrer Mutter, die sie um vier Jahre überlebte, in einer Wohnung. Sie arbeitete jahrelang im Ministerium für die Kinderland-Verschickung und später in einem Chemiewerk. Sie starb am 3. Mai 1964 in Dresden.

nannte sich in dieser Zeit ironisch `Glückallein´[96] und kompensierte die verletzte Eitelkeit in Arbeit: „Wenn ich 30 Jahre bin", so teilte er seiner Mutter mit, „will ich, daß man meinen Namen kennt. Bis 35 will ich anerkannt sein. Bis 40 sogar ein bißchen berühmt. Obwohl das Berühmt-Sein gar nicht so wichtig ist. Aber es steht nun mal auf meinem Programm. Also muß es klappen!"[97] Die zerbrochene Beziehung verarbeitete er in dem Gedicht `Sachliche Romanze´ – ein Gedicht, das längst Eingang in die deutsche Schulliteratur gefunden hat:

„Als sie einander acht Jahre kannten/(und man darf sagen: sie kannten sich gut),/kam ihre Liebe plötzlich abhanden./Wie andern Leuten ein Stock oder Hut.//Sie waren traurig, betrugen sich heiter,/versuchten Küsse, als ob nichts sei,/und sahen sich an und wußten nicht weiter./Da weinte sie schließlich. Und er stand dabei.//Vom Fenster aus konnte man Schiffen winken./Er sagte, es wäre schon Viertel nach Vier/und Zeit, irgendwo Kaffee zu trinken./Nebenan übte ein Mensch Klavier.//Sie gingen ins kleinste Café am Ort/und rührten in ihren Tassen./Am Abend saßen sie immer noch dort./Sie saßen allein, und sie sprachen kein Wort/und konnten es einfach nicht fassen."[98]

Trotz der Beziehungskrise im Privaten hielt der berufliche Erfolg an. Im März 1926 wechselte der 27jährige Kästner

---

[96] Vgl. Isa Schikorsky, Erich Kästner, a. a. O., 37.
[97] Erich Kästner, Brief an seine Mutter v. 26.11.1926, zit. nach Sven Hanuschek, Erich Kästner, a. a. O., 39.
[98] Erich Kästner, Sachliche Romanze, in: Erich Kästner Werke, I, 65. In einer Lesung, von Erich Kästner selbst vorgetragen, zu hören auf YouTube: https://www.youtube.com/watch?v=vl8p_6WQj2c (aufgerufen am 21.6.2019). Mit der Zeit verwandelt sich die zerbrochene Liebesbeziehung in ein freundschaftliches Verhältnis.

ins politische Ressort. Das Tagesgeschäft war anstrengend. Kästner musste jetzt im Schichtdienst arbeiten, auch nachts, was ihm körperlich zusetzte, da er dann am nächsten Tag müde war und kaum schreiben konnte. Hatte er im Feuilleton bislang über kulturelle Ereignisse berichtet, so griff er jetzt in Kommentaren auf Seite 1 in die aktuelle Tagespolitik ein. Er schrieb an gegen Intoleranz, Nationalismus und Militarismus und griff die antidemokratischen Kräfte und die Reaktionäre scharf an. „Und da tummelt sich allerhand: Adlige und Monarchisten, Weltkriegsnostalgiker und unbelehrbare Militaristen, kirchliche Scharfmacher und selbsternannte Zensoren, verbindungstreue Studenten und deutschnationale Menschheitsbeglücker."[99] Besonders wenn es um Schule und Universität ging, wurde Kästner, der selbst einmal Lehrer werden wollte, polemisch. So manchem Lokalpolitiker war er deshalb ein Dorn im Auge. Bei seinen Freunden aber war der Provokateur deshalb sehr beliebt. Zu diesen Freunden zählten Erich Ohser[100], der Schöpfer der später weltbe-

---

[99] Franz Josef Görtz/Hans Sarkowicz, Erich Kästner, a. a. O., 63.
[100] Kästner und der Karikaturist Erich Ohser (1903-1944) hatten sich 1923 kennengelernt. Ohser zeichnete u. a. Karikaturen für den sozialdemokratischen `Vorwärts´. 1933 erhielt er Berufsverbot. Deshalb kamen seine verspielten `Vater- und Sohn´-Zeichnungen von 1934 bis 1937 unter dem Pseudonym `e.o. Plauen´ in der `Berliner Illustrirten´. Von 1940 bis 1944 zeichnete Ohser politische Karikaturen für das sonntäglich erscheinende NS-Hochglanzpropagandablatt `Das Reich´ (insgesamt wurden über 800 Zeichnungen publiziert). Zusammen mit Kästners Freund, dem Schriftsteller, Redakteur der `Plauener Volkszeitung´ und Verlagsleiter bei der `Bürchergilde Gutenberg´, Erich Knauf (1895-1944), wurde er im Luftschutzbunker von seinem Nachbarn, dem Fotografen und SS-Untersturmführer Bruno Schultz (vor 1927-nach 1944), und dessen Ehefrau

kannten `Vater-und-Sohn´-Geschichten, und der Journalist, Schriftsteller und Liederdichter Erich Knauf[101]. In der Zeitschrift `Beyers für Alle´, einem in dem Leipziger Schnittmusterverlag Otto Beyer erscheinenden Familienblatt, lernte Kästner zu dieser Zeit – wir schreiben das Jahr 1927 – die junge Volontärin Luiselotte Enderle[102] kennen.

Margarethe wegen regimefeindlicher politischer Witze, Verächtlichmachung von führenden Persönlichkeiten des Staates und `defätistischer Äußerungen´ denunziert und verhaftet. Einer Verurteilung vor dem Volksgerichtshof unter dessen berüchtigtem Vorsitzenden Roland Freisler (1893-1945) entzog sich Ohser mit Suizid durch Erhängen, nachdem die Gestapo ihm noch ein Geständnis abgepresst hatte. Sein Sohn Christian überlebte: Er starb im Alter von 69 Jahren im Jahre 2001 an den Folge eines Herzinfarktes. Dessen Sohn, also der Enkel e. o. Plauens, lebt heute in den USA. Zur Website geht es hier: http://e.o.plauen.de/aktuell/ (aufgerufen am 26.6.2019).

[101] Erich Knauf, der u. a. Schlagertexte wie `Heimat, deine Sterne´ oder Musik für die `Feuerzangenbowle´, die Hitler liebte, geschrieben hatte, wurde am 28. März 1944 von der Gestapo abgeholt und am 6. April 1944 u. a. von dem wegen seiner Häme und seiner Aggressionen gefürchteten NS-Strafrichter Roland Freisler (1893-1945) in einem Schauprozess vor dem Volksgerichtshof zum Tode verurteilt und am 2. Mai 1944 im Zuchthaus Brandenburg mit der Guillotine geköpft – nachdem ihm zuvor der Anstaltsarzt sieben Liter Blut für Wehrmachtskonserven abgenommen hatte. Der Witwe Erna Knauf wurden die Kosten für die Verhandlung und die Hinrichtung per Rechnung zugestellt. Versuche von Freunden, u. a. von Heinz Rühmann (1902-1994), beim Propagandaminister Gnade zu erwirken, waren erfolglos geblieben. Vgl. weiterführend `Der Mann, der seinen Kopf für einen Witz verlor. Erich Knauf zum 100. Geburtstag´: http://www.tomassonegri.de/downloads/erich_knauf.pdf (aufgerufen am 21.6.2019).

[102] Luiselotte Enderle (1908-1991), mit der Kästner fast 40 Jahre seines Lebens verbrachte, obwohl er weder mit ihr verheiratet noch sie die Mutter seines Sohnes war, war in den dreißiger Jahren Chefredakteurin der Frauenzeitschrift `Hella´ und nach 1945 u. a. Mitarbeiterin der `Neuen Zeitung´ in München. Sie gab einige Anthologien heraus, gehörte u. a. zum Team, das das Drehbuch zum Film `Das Wirtshaus im Spessart´ geschrieben hatte und verfasste eine auflagenstarke Biographie über ihren Lebensgefährten, die dieser kräftig mitredigiert hatte und die erstmals 1960 im Rowohlt-Verlag erschien, vgl. Luiselotte Enderle, Erich Kästner, a. a. O., Lit. auf 145-153. Enderles Biographie wurde erst 2004 durch die Kästner-Biographie von Sven Hanuschek, Erich Kästner, Reinbek 2004, ⁴2018, ersetzt. Der Literaturwissenschaftler Sven Hanuschek (geb. 1964) ist heute (2019) Professor an der Universität München. Luiselotte Enderle, bekannt für ihr heftiges Temperament und ihre Gewaltausbrüche, zum Schluss mehr und mehr dem Alkohol zugetan (vgl. Sven Hanuschek, Erich Kästner, a. a. O., 124), überlebte ihren Freund um 17 Jahre. Ihre sterblichen Überreste wurden in Kästners Grab beigesetzt.

Als Kästner im Beethovenjahr 1927 das Gedicht ´Abendlied des Kammervirtuosen´ [103] veröffentlichte und Erich Ohser es freizügig illustrierte, wurde dies als Affront gegen den bedeutenden klassischen Komponisten gewertet. Beide, Autor und Illustrator, wurden daraufhin in den völkischen ´Leipziger Neuesten Nachrichten´ [104] wegen der Verunglimpfung Beethovens angegriffen. Der Vorfall wurde von der ´Neuen Leipziger Zeitung´ [105] als willkommener Vorwand benutzt, um Kästner und Ohser, beide linksliberaler Gesinnung, fristlos zu entlassen.[106] Mit 28 Jahren war Kästner jetzt arbeitslos. Mit Erich Ohser zog er deshalb im September nach Berlin. Im Nachhinein betrachtet wurde sein Rauswurf zum Glücksfall: Denn mehr als siebzehn Jahre lebte Kästner in Berlin. Und: Es gefiel ihm dort.[107]

---

[103] Vgl. Erich Kästner, Abendlied eines Kammervirtuosen, in: Erich Kästner Werke, I, 33. Hier heißt das Gedicht, das in ´Herz auf Taille´ erschien, ´Nachtgesang des Kammervirtuosen´.
[104] Die ´Leipziger Neuesten Nachrichten´ (LNN), zu den auflagenstärksten regionalen Zeitungen Deutschlands gehörend, stockkonservativ und den Deutschnationalen nahestehend, erschienen von 1892-1945 in Leipzig. 1946 wurde ihre Nachfolgerin die SED-nahe ´Leipziger Volkszeitung´ (LVZ).
[105] Die ´Neue Leipziger Zeitung´ (NLZ), ein Massenblatt, das 1921 aus der Zusammenlegung der ´Leipziger Zeitung´ und der ´Leipziger Allgemeinen´ entstanden war, fusionierte 1941 mit der seit 1932 bestehenden völkischen ´Leipziger Tageszeitung´ der NSDAP zur ´Neuen Leipziger Tageszeitung´. Diese bestand bis 1945. Zum Zeitungsmarkt in der Weimarer Republik: http://jgsaufgab.de/intranet2/geschichte/geschichte/lkg/der_zeitungsmarkt_in_der_weimare.htm (aufgerufen am 19.6.2019).
[106] Zu den Hintergründen vgl. kenntnisreich Sven Hanuschek, Keiner blickt, a. a. O., 88-97. Kästner wird jedoch dem Blatt als fester freier Mitarbeiter bis 1933 erhalten bleiben und unter seinem Pseudonym Peter Flint Beiträge im Feuilleton veröffentlichen.
[107] Später bezeichnet er Berlin zwar nicht als seine Heimat, aber als seine ´Busenfreundin´, vgl. Erich Kästner, Mein Wiedersehen mit Berlin, in: Erich Kästner Werke, VI, 566-571, Zitat auf 567.

Berlin in den Goldenen Zwanzigern, also in den Jahren zwischen der Währungsreform 1923 und dem New Yorker Börsencrash 1929, war das geistige Zentrum Deutschlands, vermutlich die liberalste, künstlerisch anregendste und freizügigste Stadt ihrer Zeit, „die interessanteste Großstadt der Welt"[108], wie Kästner schrieb. Es wimmelte in der pulsierenden Millionenmetropole von Theatern und Kabaretts. Dort hatten die großen Buch- und Zeitungsverlage ihren Sitz – täglich erschienen dort Hunderte von Zeitungen und Illustrierten.[109] Auch berühmte Filmstudios hatten dort ihren Sitz, beispielsweise produzierte die Ufa[110] in Babelsberg. In der Hauptstadt arbeiteten die führenden Köpfe Deutschlands. Aber die Stadt bot nicht nur Künstlern und Intellektuellen Arbeit, sondern auch Scharen von Arbeiterinnen und Arbeitern, Verwaltungs- und Bankangestellten, Sekretärinnen, Stenotypistinnen, Verkäuferinnen und Versicherungsvertretern. Die Unterhaltungsindustrie wuchs angesichts der zunehmenden Einwohnerzahl stetig: Es gab jede Menge Kneipen, Nachtbars, Jazzlokale, Tanzlokale und sogar Tanzpaläste sowie

---

[108] Erich Kästner, Erich Ohser aus Plauen, in: Erich Kästner Werke, VI, 633-638, Zitat auf 637.
[109] Vgl. dazu genauer Isa Schikorsky, Erich Kästner, a. a. O., 43.
[110] Die UfA (Universum Film AG) wurde 1917 gegründet und ist mit der Geschichte des deutschen Films eng verbunden. Zu ihren Aufgaben gehörte es, geprägt durch den deutschnationalen Geist, der in ihr herrschte, zum Zwecke der deutschen Propaganda Spielfilme, Dokumentarfilme und Wochenschaubeiträge zu produzieren. Damals entstanden berühmte Filme wie `Dr. Mabuse´ (1922), `Die Nibelungen´ (1924), `Faust´ (1926), `Metropolis´ (1927) und `Der blaue Engel´. Im NS-Staat gehörte die UfA zur mächtigen Propagandamaschinerie. Zu ihren hoch bezahlten Stars zählten Hans Albers (1891-1960), Zarah Leander (1907-1981) und Heinz Rühmann. Heute gehört die UFA GmbH zum international tätigen Medienkonzern Bertelsmann.

die größten modernen Kinos.[111] In der deutschen Hauptstadt gab es erstmals Ampeln zur Regelung des Verkehrs, der in der wachsenden Stadt immer mehr zunahm – genau wie der Gegensatz zwischen großer Armut und verschwenderischem Luxus. Kästner verarbeitete seinen Umzug aus der Provinz in die Metropole in einem Gedicht, das er `Besuch vom Lande´ nannte und das das Gefühl von Leuten vom Lande bei der Ankunft in Berlin zum Thema hatte:

„*Sie stehen verstört am Potsdamer Platz./Und finden Berlin zu laut./Die Nacht glüht auf in Kilowatts./Ein Fräulein sagt heiser: `Komm mit, mein Schatz!´/Und zeigt entsetzlich viel Haut.//Sie wissen vor Staunen nicht aus und nicht ein./Sie stehen und wundern sich bloß./Die Bahnen rasseln. Die Autos schrein./Sie möchten am liebsten zu Hause sein./Und finden Berlin zu groß.//Es klingt, als ob die Großstadt stöhnt,/weil irgendwer sie schilt./Die Häuser funkeln. Die U-Bahn dröhnt./Sie sind das alles so garnicht gewöhnt./Und finden Berlin zu wild.//Sie machen vor Angst die Beine krumm./Und machen alles verkehrt./Sie lächeln bestürzt. Und sie warten dumm./Und stehn auf dem Potsdamer Platz herum,/bis man sie überfährt.*"[112]

---

[111] „Das monumentalste Lichtspielhaus der Stadt, der Ufa-Palast am Zoo, faßt 2165 Zuschauer. Filmpremieren sind festliche Ereignisse mit elegant gekleideten Stars und vielen Zaungästen, mit rotem Teppich und Nobelkarossen. Die deutsche Filmgesellschaft Ufa hat in Neubabelsberg bei Berlin einen riesigen Studiokomplex errichtet und schickt sich an, Hollywood Konkurrenz zu machen" (Isa Schikorsky, Erich Kästner, a. a. O., 74f.).
[112] Erich Kästner, Besuch vom Lande, in: ders., Ein Mann gibt Auskunft (1930), hier zitiert nach Franz Josef Görtz/Hans Sarkowicz, Erich Kästner, a. a. O., 91. Allein 1928 erscheinen 108 Beiträge von Erich Kästner in der `Neuen Leipziger Zeitung´: „Kästners

Wer also etwas auf sich hielt, der lebte zu dieser Zeit in der deutschen Hauptstadt, die damals etwa vier Millionen Einwohnerinnen und Einwohner hatte und nach London und Paris die dritte europäische Metropole war. Erich Kästner genoss die Stadt, das kulturelle Leben und das Nachtleben in vollen Zügen.[113] Er mietete ein möbliertes Zimmer in der Prager Straße 17 bei der Witwe Ratkowski in Berlin-Wilmersdorf.[114] Die Eindrücke, die in dieser Zeit auf ihn einprasselten, den Berliner Flair und die Exotik der Metropole, verarbeitete er zeitnah in Artikeln für die ´Neue Leipziger Zeitung´: „Ein fast untrüglicher Instinkt für das Neue, das Besondere und qualitativ Herausragende führte ihn fast täglich ins Theater oder ins Kino, in Kunstausstellungen oder zu experimentellen Gruppen."[115] Später bündelte er diese Eindrücke literarisch in seinem Roman ´Fabian – Die Geschichte eines Moralisten´[116]. Das 1931 erschienene Buch, binnen kurzem ein literarischer Erfolg,

---

vielfarbiges Großstadt-Kaleidoskop fasziniert vor allem durch den gleichermaßen intimen wie genauen Blick für das Wesentliche im Alltäglichen" (Isa Schikorsky, Erich Kästner, a. a. O., 45.

[113] Vgl. Sven Hanuschek, Keiner blickt, a. a. O., 124f.

[114] Heute befindet sich an dem Haus eine Gedenktafel für Erich Kästner mit dem Verweis auf das Haus, das früher dort stand. Michael Bienert (geb. 1964) hat auf zwei Fehler auf dieser Tafel aufmerksam gemacht: ´Emil und die Detektive´ erschien nicht, wie es auf der Tafel heißt, im Jahr 1928, sondern ein Jahr später, 1929. Und: Kästner lebte nicht bis 1931 in der möblierten Wohnung bei der Witwe Ratkowski, sondern bezog schon 1929 eine eigene Wohnung.

[115] Franz Josef Görtz/Hans Sarkowicz, Erich Kästner, a. a. O., 94.

[116] Vgl. Erich Kästner, Fabian. Die Geschichte eines Moralisten, in: Erich Kästner Werke, III, 7-203. Das Buch erschien 1931 bei der Deutschen Verlags-Anstalt in Stuttgart. Dorthin war Kästner gewechselt, nachdem der Leipziger Curt Weller-Verlag, in dem ´Herz auf Taille´ erschienen war, bankrottgegangen war. Das Buch war mit ein Grund, warum die Werke Kästners von den Nazis unter dem Vorwurf der Pornografie

war kein Kinderbuch, sondern ein ausgesprochenes Buch für Erwachsene: Dr. phil. Jakob Fabian, Germanist, Werbetexter, 32 Jahre alt und Kästners Alter Ego, lässt sich durch Berlin treiben, das ihm wie ein `Irrenhaus´ erscheint. Er wirft sich in das ein- oder andere Liebesabenteuer, trinkt und versucht, im Labyrinth der Großstadt seine Ideale zu verteidigen und integer zu bleiben, seinen Glauben an die Gültigkeit von Moralvorstellungen und an seine eigenen Überzeugungen nicht zu verlieren.[117] Gemeinsam mit seinem Freund Dr. phil. Stephan Labude, einem anderen gängigen Typen von zeitgenössischem Intellektuellen, erlebt er alles, wofür die Weimarer Republik berühmt und berüchtigt ist – käufliche Liebe, politische Straßenkämpfe, wachsende Arbeitslosigkeit. Er erlebt auch, wie die junge Republik mehr und mehr in ihren Grundfesten erschüttert wird. Fabian wird Zeuge von blutigen Kämpfen zwischen

---

als `entartet´ eingestuft und verbrannt wurden. Erst 1980 wurde `Fabian´ verfilmt: https://www.youtube.com/watch?v=99Dob0rdbn0&has_verified=1 (aufgerufen am 25.6.2019). Eine ungekürzte Fassung erschien 2013, vgl. Erich Kästner, Der Gang vor die Hunde, hg. von Sven Hanuschek, Zürich 2017. Zur ausführlichen Inhaltsangabe des Romans: https://www.inhaltsangabe.de/kaestner/fabian/ (aufgerufen am 14.6.2019). 2017 wurde auch `Fabian´ wieder neu aufgelegt, vgl. Erich Kästner, Fabian. Die Geschichte eines Moralisten, Zürich 2017. Vgl. dazu auch die zehnminütige Darstellung von Kästners Roman in `Sommers Weltliteratur to go´ auf YouTube (2017) unter Einsatz von Playmobil-Figuren: https://www.youtube.com/watch?v=6AwzcmFBV0c (aufgerufen am 21.6.2019). Typoskripte des `Fabian´ sind erhalten geblieben und befinden sich heute im Deutschen Literaturarchiv in Marbach, vgl. Jochen Hörisch, Typoskript – Durchschlag zu Kästners `Fabian´ in den Originalmappen von 1931, in: Denkbilder und Schaustücke. Das Literaturmuseum der Moderne (marbacherkatalog 60), hg. v. Deutschen Literaturarchiv Marbach, Marbach 2006, 116-119. Erich Kästner hatte 258 Durchschlagsseiten in Pelikan-Kohlepapier-Kartons aufbewahrt.
[117] Zu den Hintergründen des Romans vgl. Sven Hanuschek, Keiner blickt, a. a. O., 195-211.

Nazis und Kommunisten.[118] Im Atelier einer Bildhauerin lernt er die junge Juristin Cornelia Battenberg kennen und lieben – doch die Liebe kann sich nicht durchsetzen. Fabian wird arbeitslos, seine Freundin beginnt ein Verhältnis mit einem Filmproduzenten, der ihr Versprechungen im Blick auf eine kommende Karriere als Schauspielerin macht, sein Freund Labude begeht Suizid und Fabian stirbt, weil er nicht schwimmen kann. Soweit in der gebotenen Kürze die Inhaltsangabe.[119]

Der Großstadtroman mit seiner reportageartigen emotionslosen Sprache spiegelt die Orientierungslosigkeit und Haltlosigkeit des mittleren Bürgertums wider, ihr „Chaos aus Egoismus, sexueller Perversion und Gesetzlosigkeit"[120] in all ihren Schattierungen. Kästner zeichnete in seinem Buch mit den Mitteln der Satire und der Übertreibung ein Gesellschaftsbild am Vorabend der Machtübernahme durch die Nazis – ein Panorama der Hoffnungslosigkeit genau zu dem Zeitpunkt, als die Dummheit die Verbrecher wählte, die ihren Tag „mit einem großen Fackelzug durchs Brandenburger Tor hin zur Reichskanzlei (feierten), wo ihr Führer die Ovationen der Herde entgegennimmt, die sich willig von ihm in den Abgrund führen"[121]

---

[118] Vgl. Erich Kästner, Fabian, a. a. O., 138-145.
[119] Vgl. weiterführend Beate Pinkerneil, Nachwort. Fabian oder Der hellsichtige Melancholiker, in: Erich Kästner Werke, III, 371-384, und ausführlicher Königs Erläuterungen: Fabian. Die Geschichte eines Moralisten von Erich Kästner. Textanalyse und Interpretation mit ausführlicher Inhaltsangabe und Abituraufgaben mit Lösungen von Yomb May, Hollfeld 2015.
[120] Franz Josef Görtz/Hans Sarkowicz, Erich Kästner, a. a. O., 139.
[121] Klaus Kordon, Die Zeit ist kaputt, a. a. O., 102. Luiselotte Enderle formulierte es so: „Als am 30. Januar der aristokratische Konservativismus der plebejischen Reaktion die

ließen. Autobiographische Bezüge waren offensichtlich.[122] Im Nachspann zu seinem Buch schrieb Kästner: „Dieses Buch ist nichts für Konfirmanden, ganz gleich, wie alt sie sind."[123] Von der linksliberalen Kritik wurde das Buch gefeiert, von der reaktionären rechtsradikalen Presse verrissen. Innerhalb eines halben Jahres wurden 25000 Exemplare verkauft und binnen kürzester Zeit Übersetzungsrechte in neun Länder vergeben.[124]

Als wenn sich Kästner hätte davon erholen müssen, schob er im selben Jahr einen fantasievollen Kinderroman nach: `Der 35. Mai oder Konrad reitet in die Südsee´.[125] Kästners erstes größeres Werk jedoch trug den Titel `Klaus im Schrank oder Das verkehrte Weihnachtsfest´[126]: Das Buch

---

Hand reichte, versetzte man der deutschen Demokratie und dem deutschen Geistesleben hinterrücks einen tödlichen Stoß" (Luiselotte Enderle, Erich Kästner, a. a. O., 61).
[122] Hermann Kesten sprach von einer `transfigurierten Autobiographie´ und bezog dies auf alle Werke Kästners, vgl. Isa Schikorsky, Erich Kästner, a. a. O., 87.
[123] Erich Kästner, Fabian und die Sittenrichter, in: Erich Kästner Werke, III, 200.
[124] Vgl. weiterführend Sven Hanuschek, Keiner blickt, a. a. O., 195-211, und Helga Bemmann, Erich Kästner, a. a. O., 192ff.
[125] Vgl. Erich Kästner, Der 35. Mai oder Konrad reitet in die Südsee, in: Erich Kästner Werke, VII, 547-618. Die Erstausgabe illustrierte Walter Trier; bei den folgenden Auflagen zeichnete für die Illustrationen Horst Lemke verantwortlich. Kästner hatte schon im Vorwort zu `Emil und die Detektive´ festgehalten, dass er eigentlich ein anderes Buch hatte schreiben wollen, vgl. Erich Kästner, Emil und die Detektive, in: Erich Kästner Werke, VII, 195. Kästners `Konrad´ wurde 1986 als Kinderoper aufgeführt, außerdem 1990 in Dresden, 1991 in München, 2001 in Wien, 2007 in Mainz und 2008 in Freiburg.
[126] Kästner schloss das Manuskript im Juli 1927 ab. Das Theaterstück wurde von verschiedenen Verlagen als zu modern abgelehnt. Die Uraufführung dieser Komödie erfolgte erst am 3.11.2013 am Staatsschauspiel Dresden: https://www.y-outube.com/watch?v=S5SLX1vZI94 (aufgerufen am 27.6.2019). Das 66 Seiten starke Stück, das als Vorlage für das Drehbuch des Films `Dann schon lieber Lebertran. Ein Drehbuch von Erich Kästner und Emmerich Pressburger´ (vgl. Erich Kästner Werke, V, 543-601) diente, galt als verschollen, bis es in den achtziger Jahren im Nachlass von Elfriede Mechnig wiederauftauchte. Sein Debüt am Theater hatte Kästner am 23. Februar 1957 mit dem Stück `Die Schule der Diktatoren. Eine Komödie´ in den Münchner Kammerspielen unter der Regie von Hans Schweikart (1895-1975) gegeben, vgl. Erich

ist eine Fantasiegeschichte, in der die Protagonisten, der Junge Konrad und sein Onkel, der Apotheker Ringelhuth, unter Führung des rollschuhfahrenden ehemaligen Zirkuspferdes Negro Kaballo nach Betreten eines Schrankes in eine Fantasiewelt gelangen, in der eigentümliche Dinge geschehen[127]: Sie gelangen ins Schlaraffenland, in dem alle Wünsche wahr werden; in die Burg `Zur großen Vergangenheit´, wo Karl der Große Türwächter ist und Hannibal und Wallenstein mit Zinnsoldaten um Rosenbüsche kämpfen; in die verkehrte Welt, in der Kinder die Aufgaben von Erwachsenen übernehmen und tyrannische, schwer erziehbare Erwachsene in eine von Kindern geführte Benimmschule geschickt werden, in der sie die Leiden ertragen müssen, die sie ihren Kindern zugefügt haben; nach Elektropolis, in jene vollautomatische Stadt, in der die Leute rein aus Vergnügen arbeiten, um schlank zu bleiben, jemandem etwas zu schenken oder um zu lernen; und schließlich gelangen sie über den Äquator, einem Stahlband, in die Südsee. Dort angekommen, treffen sie das Mädchen Petersilie und ihren Vater Rabenaas, der mit seinem mit Bratäpfeln geladenen Taschenmesser sogar Wale in die Flucht schlagen kann. Das Pferd bleibt dort bei einem Schimmelfräulein und spricht nicht mehr, während

---

Kästner Werke, V, 459-539; Kästner zählte die bittere politische Satire zu seinen wichtigsten Werken, vgl. Luiselotte Enderle, Erich Kästner, a. a. O., 110.

[127] Dieses Motiv taucht schon in dem Fantasy-Klassiker `Die Chroniken von Narnia´ von C. S. Lewis (1898-1963) auf: Während des Zweiten Weltkrieges werden aus London evakuierte Kinder bei einem alten Professor in einer alten Villa auf dem Land untergebracht. Der Zufall will es, dass sie in einen Wandschrank klettern: Er entpuppt sich als der versteckte Zugang zu der Parallelwelt Narnia, in der sie viele Abenteuer erleben. Lewis´ Buch wurde über 100 Millionen Mal verkauft und in 47 Sprachen übersetzt.

sich Ringelhuth und Konrad auf den Nachhauseweg machen. Gerade noch rechtzeitig, kann der Apotheker seinen Nachtdienst antreten und Konrad seinen Aufsatz schreiben. Von seinen Eltern wird Konrad für geisteskrank gehalten, doch das kümmert diesen nicht. Soweit in aller Kürze auch hier der Inhalt.

Am 6. Juli 1927 gab Erich Kästner sein Debüt in der ´Weltbühne´[128], dem Forum der Linksliberalen der Weimarer Republik, die von Carl von Ossietzky[129] ediert wurde. Lion Feuchtwanger[130], Ernst Toller[131], Arnold Zweig[132] und

---

[128] Einst von Siegfried Jacobsohn (1881-1926) unter dem Namen ´Die Schaubühne´ gegründet, erschien ´Die Weltbühne´ erstmals 1905. 1918 wurde sie in ´Die Weltbühne´ umbenannt. 1926 leitete Kurt Tucholsky das undogmatische Blatt, von 1927 bis zum Verbot 1933 durch die Nazis war Friedensnobelpreisträger Carl von Ossietzky (1889-1938) ihr Chefredakteur und Herausgeber. Nach 1945 erschien ´Die Weltbühne´ bis 1993 in Ost-Berlin.

[129] Carl von Ossietzky (1889-1938), katholisch getauft und evangelisch konfirmiert, Journalist, Schriftsteller und Pazifist, gründete den Aktionsausschuss ´Nie wieder Krieg´. Er wurde am 28.2.1933 von den Nazis verhaftet. Rückwirkend erhielt er 1936 den Friedensnobelpreis für das Jahr 1935. Er starb an den Folgen seiner KZ-Haft. In Berlin liegt er begraben.

[130] Der deutsch-jüdische Schriftsteller Lion Feuchtwanger (1884-1958) war einer der meistgelesenen Autoren des Zwanzigsten Jahrhunderts. Seine Bücher wurden öffentlich verbrannt und sein Name befand sich auf der ersten Ausbürgerungsliste der Nazis vom 25.8.1933. Über Frankreich gelang ihm die Flucht über Spanien und Portugal in die USA. Im Unterschied zu anderen Emigranten konnte er in Kalifornien Fuß fassen. Vielfach geehrt, starb er an den Folgen von Magenkrebs. In Santa Monica befindet sich sein Grab.

[131] Der deutsch-jüdische Schriftsteller, Dramatiker, Politiker und sozialistische Revolutionär Ernst Toller (1893-1939) gilt als ein Vertreter des literarischen Expressionismus der Weimarer Republik. Der Pazifist emigrierte 1933 in die Schweiz. Er wurde als einer der Ersten aus Deutschland ausgebürgert; seine Werke wurden im Mai 1933 öffentlich verbrannt. Unter Depressionen leidend, schied er 1939, nachdem er auf seinen vielen Reisen die Gewohnheit gehabt hatte, stets einen Strick im Koffer mit sich zu führen, in den USA durch Suizid aus dem Leben. Nachdem seine Asche jahrelang nicht abgeholt worden war, wurde er in einem Sammelurnengrab in Hartsdale, New York, bestattet.

[132] Die Bücher des deutsch-jüdischen Schriftstellers, Erzählers, Dramatikers und Essayisten Arnold Zweig (1897-1968), Autor des Romans ´Der Streit um den Sergeanten Grischa´, der stilistisch zwischen Expressionismus und Neuer Sachlichkeit eingeordnet wird, wurden im Mai 1933 öffentlich verbrannt. Zweig gelang 1934 die Emigration nach

viele andere bekannte Autoren der Zeit zählten zu den regelmäßigen Mitarbeitern der pazifistisch ausgerichteten Wochenzeitschrift für Politik, Kunst und Wirtschaft. Schon Jahre zuvor war Kurt Tucholsky, der Kästner vor allem wegen dessen politischer Satiren schätzte, auf ihn aufmerksam geworden. Die Jahre 1927 bis 1932 in Berlin wurden so zur produktivsten Zeit in Kästners Leben. Es wurden jene Jahre, durch die Kästner auch der Nachwelt in Erinnerung bleiben sollte.[133] Das Jahr 1930 war geprägt vom New Yorker Börsenkrach im Oktober 1929. Er löste eine weltweite Wirtschaftskrise aus, was zur Folge hatte, dass auch in Deutschland die Arbeitslosenzahlen in schwindelnde Höhen kletterten. Im gleichen Jahr eskalierte die politische Situation, als die letzte Regierung der Weimarer Republik, die parlamentarisch die Mehrheit hatte, zurücktrat. Bei der Reichstagswahl am 14. September 1930 stieg die NSDAP zur zweitstärksten politischen Kraft nach der SPD auf.[134]

Haifa. 1936 wurde er von den Nazis ausgebürgert und sein Vermögen beschlagnahmt. Als überzeugter Sozialist kehrte er 1948 nach Deutschland zurück und engagierte sich politisch in der DDR, die ihn vielfach ehrte. 1957 wählte man ihn zum Präsidenten des PEN-Zentrums Ost. Sein Grab befindet sich auf dem Dorotheenstädtischen Friedhof in Berlin.

[133] Hans Sarkowicz und Franz Josef Görtz, Herausgeber der Gesamtausgabe von 1998, erwähnen über 350 Artikel von 1923 bis 1933. Da Kästners Berliner Wohnung 1944 ausbrannte, seine 3000 Bände umfassende Bibliothek in Rauch aufging und sein gesamter Besitz inklusive Manuskripten und Arbeitsentwürfen vernichtet wurde, dürfte die tatsächliche Zahl höher liegen. Nur das, was er in dieser Zeit an seine Mutter geschickt hatte, überlebte den Krieg.

[134] Wer sich einen Überblick zur Innen- und Außenpolitik der Weimarer Republik von 1918 bis 1933 verschaffen möchte, dem sei empfohlen: Wolfgang Michalka/Gottfried Niedhart (Hg.), Die ungeliebte Republik (dtv dokumente 2918), München 1980, bes. 267-362. Wer Kindern und Jugendlichen versucht, das NS-Geschehen nahezubringen,

In den Künstlerkneipen und Literaten-Cafés war Erich Kästner in diesen Jahren zuhause. Am liebsten arbeitete im Café, führte dort Verhandlungen, traf sich mit Freundinnen und Freunden. Er machte die Bekanntschaft von Egon Erwin Kisch[135], Robert Musil[136], Alfred Polgar[137], Bertolt Brecht und Carl Zuckmayer[138] und umgab sich mit der Schauspiel-Elite Deutschlands, mit Leuten vom Film und

---

der möge zurückgreifen auf: Die Geschichte des Dritten Reiches, erzählt von Torsten Körner, FfM 2000.

[135] Der österreichisch-tschechoslowakisch Schriftsteller Egon Erwin Kisch (1885-1948) wurde wegen seiner Berichterstattung im pulsierenden Berlin der Golden Twenties der `rasende Reporter´ genannt. Als Kommunist und Jude wurde er nach dem Reichstagsbrand Ende Februar 1933 festgenommen. 1934 verließ er Deutschland in Richtung Melbourne, wo er wegen seiner kommunistischen Gesinnung von den australischen Behörden kurzzeitig inhaftiert wurde. Nach seiner Freilassung bereiste er Australien und kehrte 1935 nach Deutschland zurück. 1937 berichtete er aus Madrid über den Spanischen Bürgerkrieg. Von Frankreich aus ging er 1939 ins Exil nach Mexiko, wo er sich in Mexico-City mit anderen deutschen Flüchtlingen zusammenschloss und für die Exilzeitung `Freies Deutschland´ schrieb. Nach dem Krieg lebte er in Prag. Dort starb er an den Folgen mehrerer Schlaganfälle.

[136] Robert Musil (1880-1942) war ein österreichischer Schriftsteller und Theaterkritiker. Sein in die Weltliteratur aufgenommenes Hauptwerk ist `Der Mann ohne Eigenschaften´. Er starb an den Folgen eines Schlaganfalls in Genf; seine Asche wurde am Fuße des Berges Salève verstreut.

[137] Alfred Polgar (1873-1955), österreichisch-jüdischer Schriftsteller, Aphoristiker, Kritiker und Übersetzer, ist einer der bekanntesten Vertreter der Wiener Moderne. 1933 floh der linksliberale Antifaschist, dessen Bücher im Mai desselben Jahres verbrannt wurden, über Frankreich und Spanien in die USA. Er wurde amerikanischer Staatsbürger und kehrte 1949 nach Europa zurück. In Zürich liegt er begraben.

[138] Carl Zuckmayer (gen. Zuck, 1896-1977), war einer der erfolgreichsten Schriftsteller der Weimarer Republik. Der katholische Rheinhesse, der durch sein Drama `Der Hauptmann von Köpenick´ bekannt wurde, gehörte zu den Verfassern des Drehbuchs des spektakulären Films `Der blaue Engel´, der 1930 in die Kinos kam. 1938 gelang ihm die Flucht vor den Nazis über die Schweiz in die USA. Als US-amerikanischer Staatsbürger kehrte er nach 1945 nach Europa zurück und konnte mit `Des Teufels General´ neue Erfolge feiern. Immer wieder lesenswert ist auch seine 1966 erschienene Autobiographie `Als wär´s ein Stück von mir´, die ein `long-time-seller´ wurde. 1977 starb Zuckmayer, der in seinen letzten Lebensjahren mit Karl Barth (1886-1968) befreundet war, im schweizerischen Saas-Fee, wo er die letzten zwanzig Jahre gelebt hatte. Vgl. dazu Erich Kästner, Zuckmayers `Schinderhannes´, in: Erich Kästner Werke, VI, 88-90; ders., Zuckmayers `Katharina Knie´, in: Erich Kästner Werke, VI, 162-164 und ders., Glückwünsche für Carl Zuckmayer, in: Erich Kästner Werke, VI, 617f.

vom Theater, wie beispielsweise Erwin Piscator[139], dessen avantgardistisches Regiekonzept – ein Gesamtkunstwerk mit der vorrangigen Botschaft, den Krieg nicht zu vergessen – es Kästner besonders angetan hatte. Piscator bezog „modernste Technik in seine Inszenierung ein: Foto- und Filmprojektionen, Licht- und Farbreflexe, eine Simultanbühne mit sechs Handlungsorten"[140]. Viele Künstler und Literaten trafen sich auch im Romanischen Café[141] an der Gedächtniskirche, das Kästner allerdings nicht sehr mochte. Neben dem Leben als Bohemien, das er führte, arbeitete Kästner wie ein Besessener: Er schrieb, ähnlich wie Kurt Tucholsky, mehrere Genres bedienend, Artikel, Kolumnen und Gedichte, Romane, Kinderbücher und Theaterkritiken, verfasste Filmdrehbücher, veröffentlichte in verschiedenen Zeitungen und belieferte Kabaretts wie das von Trude Hesterberg[142] mit Texten. Immer wieder waren der Gegenstand seiner scharfen Zunge und seines spitzen Bleistifts bzw. seiner Schreibmaschine der Militarismus, der Chauvinismus und das deutsche Spießertum. In den

---

[139] Der aus einer evangelischen Familie stammende Erwin Piscator (1893-1966) war ein einflussreicher avantgardistischer Theaterintendant, Regisseur und Theaterpädagoge der Weimarer Republik, der für sein `Politisches Theater´ bekannt wurde. Er emigrierte in die USA, wo er in New York eine Schauspielschule gründete und leitete. 1951 kehrte er nach Deutschland zurück. Er starb an den Folgen einer entzündlich veränderten Gallenblase in Starnberg. In Berlin liegt er begraben.
[140] Isa Schikorsky, Erich Kästner, a. a. O., 47.
[141] Vgl. Hans Sahl, Memoiren eines Moralisten, München 1995, 152ff.
[142] Trude Hesterberg (1892-1967) war Theater- und Filmschauspielerin, Kabarettistin, Chansonsängerin, Soubrette und Operettensängerin, die mit ihrem 1923 gegründeten Kabarett `Wilde Bühne´, eine der bedeutendsten Unterhaltungsstätten des Berlins der Zwanziger Jahre, den Grundstein für das moderne deutsche literarisch-politische Kabarett legte. 1923 brannte die `Wilde Bühne´ ab und wurde 1931 durch Friedrich Hollaender (1896-1976) neu belebt.

fünf Jahren von 1927 bis 1931 produzierte Kästner, wie bereits erwähnt, wie im Rausch, und zwar mehr als in allen weiteren Jahren zusammen. Ansonsten lebte er das privilegierte Leben eines deutschen Bonvivants.

Ganz praktisch sah das so aus: Kästner schrieb oder diktierte seiner Sekretärin meist im `Carlton´, einem Café am Nürnberger Platz unweit seiner Wohnung in der Prager Straße, in dem im `Emil´ verewigten Café Josty[143] oder im Café Léon am Kurfürstendamm, dem `Berliner Broadway´, wie ihn die Hauptstadtbewohnerinnen und -bewohner gerne nannten, neben den Universum-Kinos und unweit seiner Wohnung in der Roscherstraße. Diese drei Cafés waren seine Stammlokale unter den Berliner Kaffeehäusern, die es damals in Hülle und Fülle gab.[144] Auch schrieb er gerne in Restaurants oder in Nachtbars, stets elegant gekleidet, bei Champagner und Zigaretten, besonders gerne bei `Schwanneke´[145]. Der Cafélärm und die Öffentlichkeit schienen ihn nicht zu stören, im Gegenteil: Sie schienen seine Fantasie anzuregen und seine Kreativität zu beflügeln. Vor fünf Uhr ging er meistens nicht ins Bett,

---

[143] Das Buch `Emil und die Detektive´ hat Kästner nach eigenen Angaben auf der Terrasse des Café Josty niedergeschrieben, vgl. Erich Kästner, Wiedersehen mit Emil, in: Erich Kästner Werke, VI, 281-283, bes. 281. Das erhaltene Typoskript ist heute zusammen mit dem Original von `Fabian´ im Rahmen einer Dauerausstellung im Marbacher Literaturmuseum der Moderne zu sehen.
[144] Alle bekannten Dichter und Schriftsteller hielten sich damals vorzugsweise in Cafés auf, wie beispielsweise Thomas Mann (1875-1955), Ernst Toller, Erich-Maria Remarque (1898-1970) oder Joseph Roth (1894-1939).
[145] Seit März 1922 war der populäre deutsche Schauspieler und ehemalige Münchner Theaterintendant Viktor Schwanneke (1880-1931) der Besitzer der nach ihm benannten Weinstuben in der Berliner Rankestraße, einem unter Film- und Theaterleuten beliebten Künstlertreff.

vor zwölf stand er in der Regel nicht auf. Erfolge und Niederlagen wechselten sich in dieser Zeit ab. Nachdem ihm seine Aktentasche in der Straßenbahn mit sämtlichen Gedichten gestohlen, aber zum Glück wieder zurückgegeben worden war, gelang es ihm, seinen ersten Gedichtband, `Herz auf Taille´[146], herauszubringen. Kästners Erstling, der Kästners gesamtes lyrisches Spektrum zeigte und 49 Illustrationen von Erich Ohser enthielt – dessen acht ganzseitige Zeichnungen allerdings in der zweiten Auflage fehlten –, verkaufte sich innerhalb eines Jahres 2000 Mal; ein Jahr später druckte sein Verleger bereits das 16. und 17. Tausend! Drei weitere Gedichtbände folgten bis 1933.[147]

---

[146] In den Lyrikbänden `Herz auf Taille´ (1928) und `Lärm im Spiegel´ (1929) befinden sich Gedichte Kästners, die ausschließlich in Tageszeitungen vorveröffentlicht worden waren: http://www.verbrannte-buecher.de/?page_id=806 (aufgerufen am 14.6.2019). In `Herz auf Taille´ befinden sich Gedichte wie `Ansprache einer Bardame´ (24), `Frau Großhennig schreibt an ihren Sohn´ (18), `Moralische Anatomie´, `Epistel eines Dienstmädchens namens Bertha´ (34), `Die Zeit fährt Auto´ (40), `Weihnachtslied, chemisch gereinigt´ (49f.), `Klassenzusammenkunft´ (53f.) oder das Anti-Kriegsgedicht `Stimmen aus dem Massengrab´ (61), vgl. Erich Kästner, Herz auf Taille, in: Erich Kästner Werke, I, 7-62. In `Lärm im Spiegel´ befinden sich Gedichte wie `Fantasie von übermorgen´ (72f.) und `Hymnus auf die Bankiers´ (97f.). Erich Kästners „Gedichte waren Aufsehen erregend, weil sie den erotischen Bereich offen ansprachen; haltbar geblieben sind sie eher wegen seines Gespürs für Zwischentöne, für die Uneindeutigkeit von Gefühlen. Zum anderen schuf er sich durch die satirischen und politischen Gedichte ebenso viele Anhänger wie Feinde" (Sven Hanuschek, Erich Kästner, a. a. O., 41). 50 Kästner-Gedichte wurden später von dem Komponisten Edmund Nick (1891-1974) vertont: Der Kaufmannssohn hatte neben seinem Jurastudium gleichzeitig eine Ausbildung an der Wiener Musikakademie und am Dresdner Konservatorium absolviert. Er leitete ab 1924 die Musikabteilung beim Schlesischen Rundfunk in Breslau und ging 1933 als Theaterdirektor nach Berlin. Eine Zusammenstellung findet man hier: https://www.youtube.com/watch?v=N3dSuYy-5PQ&list=OLAK5uy_kat21ZimFqk32WGe8Jd-jlGcx-ztB8v5A (aufgerufen am 11.7.2019).

[147] Nach Kästners `Herz auf Taille´ entstehen drei weitere Gedichtbände: `Lärm im Spiegel´ lautet der zweite Lyrik-Band, der 1929 erscheint. Ein Jahr später kommt `Ein Mann gibt Auskunft´ heraus. 1932 veröffentlicht Kästner seinen Lyrikband `Gesang zwischen den Stühlen´, vgl. Erich Kästner Werke, I, 173-228. In ihm befindet sich das ermutigende

„Es sind rührende und wütende, rationale und sentimentale, moralische und unmoralische, politische und eher privat anmutende Gedichte, die von einer melancholischen Grundstimmung durchzogen sind. (…) Zu Kästners Markenzeichen wird sein schnoddriger Tonfall: eine raffinierte Mischung aus ironischer Distanzierung, origineller Bildhaftigkeit, pointiertem Witz, Nonsens, Paradoxien und Verzerrungen der Alltagssprache sowie die Verballhornung von Klischees, Werbesprüchen und klassischen Zitaten."[148] In dieser Zeit traf auf Erich Kästner zu, was dieser über seinen Freund Erich Ohser später sagte: „… er hasste die Profitmacher, er verlachte die Spießer und Heuchler, er attackierte die Bürokratie, er focht für die Freiheit des einzelnen und kämpfte gegen die Dummheit der meisten."[149] Mit Ohser ging Kästner 1929 auf „Kavalierstour"[150] nach Paris und 1930 als Mitglied einer sechzigköpfigen Reisegruppe nach Moskau und Leningrad auf Promotionstour. Für viele deutsche Intellektuelle und Künstler, auch für Erich Kästner, obwohl er der jungen Sowjetunion eher ablehnend gegenüberstand, war Russland „das interessanteste Land"[151] der Erde, eine Art `Paradies´. Viele verklärten es

---

Gedicht `Was auch geschieht!´: „Was auch immer geschieht:/Nie dürft ihr so tief sinken,/von dem Kakao, durch den man euch zieht,/auch noch zu trinken" (Erich Kästner Werke, I, 175).
[148] Isa Schikorsky, Erich Kästner, a. a. O., 52.
[149] Erich Kästner, Erich Ohser aus Plauen, in: Erich Kästner Werke, VI, 633-638, Zitat auf 634.
[150] Franz Josef Görtz/Hans Sarkowicz, Erich Kästner, a. a. O., 103. Vgl. dazu genauer Helga Bemmann, Erich Kästner, a. a. O., 82ff.
[151] Erich Kästner in einem Brief an seine Mutter v. 22.3.1930, zit. nach Franz Josef Görtz/Hans Sarkowicz, Erich Kästner, a. a. O., 128.

und sahen in ihm die Verwirklichung ihrer sozialistischen und kommunistischen Ideale. Kästner, liberal, links und frei, doch keinesfalls ein Marxist, blieb hingegen skeptisch. Die Berliner Freiheit und das Leben auf eigene Gefahr wären ihm lieber, schrieb er rückblickend.[152] Er schloss sich keiner politischen Partei an; er ergriff allerdings Partei, politisch und literarisch – dann, wenn es um Gerechtigkeit, Freiheit und gegen Militarismus, Chauvinismus und Unmenschlichkeit ging. In dieser Zeit war Kästner mit Margot Schönlank[153] liiert, die er vermutlich wegen ihrer zu einem Pferdeschwanz unter ihrem Hut zusammengebunden

---

[152] Vgl. Erich Kästner, Erich Ohser aus Plauen, in: Erich Kästner Werke, VI, 637.

[153] Margot Schönlank (1907-2000), mit der Kästner von 1929 bis 1930 liiert war, wohnte noch bei ihren Eltern in Charlottenburg und besuchte die Reimann-Kunstgewerbeschule, als Kästner sie kennenlernte. Sie fuhr wöchentlich mit dem Fahrrad zur Klavierstunde und er saß zu dieser Zeit nachmittags im Café Josty in der Kaiserallee. Schönlank suchte für Kästner die Wohnung aus und nahm auch sonst eine Zeit lang die traditionelle weibliche Rolle ein. Eines von Kästners Gedichten in `Ein Mann gibt Auskunft´ handelt von ihr, vgl. Erich Kästner, Ein gutes Mädchen träumt (1929), in: Erich Kästner Werke, I, 123f. und, versehen mit Zeichnungen von Horst Janssen, auf YouTube: https://www.youtube.com/watch?v=MT9tbqQ7ZLI (aufgerufen am 21.6.2019). Kurt Tucholsky bescheinigte dem Autor nach der Lektüre dieses Gedichts, er habe „Angst vor dem Gefühl" (Kurt Tucholsky, Gesammelte Werke in 10 Bänden, hg. v. Mary Gerold-Tucholsky/Fritz J. Raddatz, Reinbek 1985, Bd. 8, 312). Margot Schönlank, die später heiratete und sich Pony M. Bouché nannte, lebte zunächst mit falschen Papieren in Paris. 1941 tauchte sie unter und schloss sich der Résistance an. Über ihre Nachfolgerinnen sind in den Briefen Kästners an seine Mutter, die er von seinen Liebschaften in schonungsloser Offenheit informiert, oft nur die Vornamen bekannt: Ursula, Franzi, Karin, Moritz, Änne und viele andere, manchmal auch Vor- und Nachname wie bei den Jüdinnen Herta Reissmann und Steffa Bernhard, der Tochter des DDP-Reichstagsabgeordneten Georg Bernhard (1875-1944), „allesamt nette, feine, anständige `Kerle´, die gut `parieren´, aber alle den Fehler machen, sich zu sehr zu verlieben" (Isa Schichorsky, Erich Kästner, a. a. O., 37; vgl. dazu auch Sven Hanuschek, Keiner blickt, a. a. O., 139). Die Folge seiner Bindungsunfähigkeit – in der Literatur über Kästner ist auch von einem Ödipuskomplex die Rede – und seines unsteten polygamen Lebenswandels, in den auch Prostituierte integriert waren, war eine Ansteckung mit Gonorrhöe, genannt `Tripper´; da es noch kein Penicillin gab, war bis 1932 eine lange mühsame ärztliche Behandlung für ihn angesagt, vgl. Sven Hanuschek, Keiner blickt, a. a. O., 177, und Franz Josef Görtz/Hans Sarkowicz, Erich Kästner, a. a. O., 82f.

Haare in einem Brief an seine Mutter ʾPonyʿ nannte. Die Liebe mündete in Freundschaft, der Kontakt mit ihr blieb bis zu Kästners Tod bestehen.

Kästner war besonders als Lyriker und Kinderbuchautor Anfang der dreißiger Jahre erfolgreich. Während ihn die einen liebten, war er wegen seiner Verse bei den Nazis, den Völkischen und den Deutschnationalen, verhasst. Sie mochten keine Dichter, die in ihren Werken ihre Abscheu vor Militarismus und Krieg zum Ausdruck brachten und, statt eine heile Welt herauf zu beschwören, zerrüttete Familienstrukturen beschrieben. Der Nationalverband deutscher Offiziere, der Verband deutscher Akademiker, der Bartelsbund als Vereinigung deutsch-völkischer Antisemiten, der Dahlemer Frauenbund als Mädchenbund für sittliche Reinheit, die gesamte völkische ʾHugenberg-Presseʿ[154] – sie alle griffen den Freigeist Kästner an. Aber auch von links wurde er kritisiert: Walter Benjamin[155], der die zeitgenössische Literatur dieser Jahre vor allem daran maß, inwieweit sie den aufkommenden Nationalsozialismus verhindern half, bescheinigte Kästner zwar Begabung und Talent, bezeichnete dessen Lyrik jedoch als ʾlackierte

---

[154] Die Bezeichnung ʾHugenberg-Presseʿ geht auf den Rüstungs- und Medienunternehmer und Politiker der Deutschnationalen Volkspartei (DNVP), Alfred Hugenberg (1865-1951), zurück. Er kontrollierte mit seinem Medienkonzern die Hälfte der deutschen Presse und gilt mit seiner nationalistischen und antisemitischen Propaganda als Wegbereiter des Nationalsozialismus sowie als Steigbügelhalter Hitlers gilt.

[155] Zu dem undogmatischen jüdischen Intellektuellen, Philosophen, Kulturkritiker, Essayisten und Übersetzer Walter Benjamin (1892-1940), der vor den Nazis 1933 ins Pariser Exil ging und 1940 im spanischen Grenzort Portbou unter mysteriösen Umständen starb, vgl. weiterführend Thomas O. H. Kaiser, Walter Benjamin – Erinnerung an einen Freigeist, in: ders., Eleutheria – Profile der Freiheit. 13 theologische, philosophische und politische Porträts, Norderstedt 2014, 37-64.

Kinderbällchen'[156], die mit der Arbeiterbewegung, die damals idealisiert wurde und an der wahre Linke gemessen wurden, wenig zu tun hatte.[157] In den Jahren 1930 und 1931 entstanden einige der wichtigsten Arbeiten Kästners. Sowohl in literarischer Hinsicht als auch in Liebesdingen war er in dieser Zeit hyperaktiv.[158] Politisch allerdings war er das genaue Gegenteil: Erich Kästner, der „nie Mitglied einer Partei"[159] war, beteiligte sich politisch nicht an Aktionen und nahm auch nicht an Demonstrationen teil. Er war ein parteipolitisch ungebundener undogmatischer linksliberaler Intellektueller mit gemäßigt-reformerischen Ansichten. Dabei war es die Zeit der heftigen politischen Auseinandersetzungen zwischen Rechten und Linken, auch

---

[156] Zur Kritik Benjamins zu `Ein Mann gibt Auskunft´, vgl. Walter Benjamin, Linke Melancholie (1931): hier zitiert nach: http://www.glanzundelend.de/Artikel/abc/b/benjamin_melancholie.htm und https://www.textlog.de/benjamin-linke-melancholie-erich-kaestner-gedichtbuch.html (beide links aufgerufen am 4.7.2019).
[157] Vgl. weiterführend Franz Josef Görtz/Hans Sarkowicz, Erich Kästner, a. a. O., 122.
[158] Vgl. dazu kritisch https://www.faz.net/aktuell/feuilleton/buecher/rezension-sachbuch-zu-glatt-und-zu-schlau-11321008.html (aufgerufen am 15.6.2019).
[159] Sven Hanuschek, Keiner blickt, a. a. O., 201. Nach dem Krieg gab Kästner gegenüber der Militärregierung zu Protokoll, „er habe im November 1932 und im März 1933 SPD gewählt" (Sven Hanuschek, Keiner blickt, a. a. O., 212). Andere Kästner-Biographen erwähnen einen Brief Kästners an seine Mutter v. 5.3.1932, in dem er schreibt, dass seine Hoffnungen bei den Reichstagswahlen auf dem greisen ehemaligen Generalfeldmarschall, Militaristen und überzeugten Monarchisten Paul von Hindenburg ruhten, vgl. Franz Josef Görtz/Hans Sarkowicz, Erich Kästner, a. a. O., 166+337, Anm. 6, und Isa Schikorsky, Erich Kästner, a. a. O., 89. Die SPD hatte damals auf einen eigenen Kandidaten verzichtet und trat mit dem Ziel, Hitler zu verhindern, offen für den amtierenden deutsch-nationalen Reichspräsidenten ein – ein Irrtum, wie sich im Nachhinein herausstellen sollte, weil Hindenburg am 30. Januar 1933 Hitler zum Kanzler ernannte.

die Zeit der politischen Morde: Kurt Eisner[160], Karl Liebknecht[161], Rosa Luxemburg[162], Matthias Erzberger[163] und Walther Rathenau[164] – sie alle starben infolge feiger und hinterhältiger Attentate fanatischer Rechtsextremisten. Es war auch die Zeit der Massenarbeitslosigkeit in Deutschland und die Zeit der Inflation. Es war die Zeit von Reichspräsident Friedrich Ebert[165] und Außenminister Gustav Stresemann[166]. Auf eine kurze Blüte der jungen Republik folgte der wirtschaftliche und politische Niedergang: 1933 gelangten die Nazis mit ihrem Parteivorsitzenden deutsch-österreichischer Herkunft, Adolf Hitler[167], der der schreck-

---

[160] Der deutsch-jüdische Politiker, Journalist und Schriftsteller Kurt Eisner (1867-1919), zunächst Mitglied der SPD, dann der USPD, war der erste Ministerpräsident des Freistaats Bayern. Er wurde von einem Antisemiten ermordet.
[161] Karl Liebknecht (1871-1919), Marxist und Antimilitarist, anfangs SPD-Reichstagsabgeordneter, dann Mitbegründer der Kommunistischen Partei Deutschlands, wurde von Rechtsextremisten ermordet.
[162] Die polnisch-jüdische Sozialdemokratin Rosa Luxemburg (1871-1919) war eine Vordenkerin und Repräsentantin der europäischen Arbeiterbewegung. Die promovierte Staatswissenschaftlerin kämpfte für Frieden, soziale Gerechtigkeit und internationale Solidarität. Sie wurde von rechten Freikorpstruppen ermordet, ihre Leiche in den Landwehrkanal geworfen.
[163] Der Publizist Matthias Erzberger (1875-1921) war ein Politiker der Zentrumspartei. Er war der bevollmächtigte Unterzeichner des Waffenstillstandsabkommen von Compiègne, durch das der Erste Weltkrieg beendet wurde. Als Finanzminister reformierte er das deutsche Steuersystem. Er wurde von rechtsextremen Terroristen der `Organisation Consul´ ermordet.
[164] Der Industrielle und Schriftsteller Walther Rathenau (1867-1922) war Mitglied der liberalen Deutschen Demokratischen Partei. Er wurde wie Matthias Erzberger von Mitgliedern der rechtsextremen `Organisation Consul´ ermordet.
[165] Der sozialdemokratische Politiker Friedrich Ebert (1871-1925) aus Heidelberg, seit 1913 Vorsitzender der SPD, war von 1919 bis zu seinem Tode der erste Reichspräsident der Weimarer Republik. Nach ihm ist die SPD-nahe Friedrich-Ebert-Stiftung benannt.
[166] Der Berliner Politiker und Friedensnobelpreisträger Gustav Stresemann (1878-1929), Vorsitzender der nationalliberalen DVP, war 1923 Reichskanzler und bis zu seinem Tod durch Schlaganfall Reichsaußenminister.
[167] Der gebürtige Österreicher Adolf Hitler (1889-1945) übernahm 1921 den Vorsitz der Nationalsozialistischen Deutschen Arbeiterpartei (NSDAP). Nachdem er 1933 zum

lichste Diktator des 20. Jahrhunderts und schlimmste Massenmörder aller Zeiten werden sollte, an die Macht. Die der Machtübernahme vorausgehenden Nazi-Krawalle in den Straßen kommentierte Kästner in Briefen an seine Mutter so, als gingen sie ihn nichts an.[168] Doch Kästner war durchaus besorgt: Schon 1931 sah er den Machtwechsel durch die Nazis kommen, hatte auch selbst Angst vor körperlichen Übergriffen durch die Schlägertrupps der NSDAP, wie aus Briefen an seine Mutter hervorging.[169] Die Angst vor den Nazis hatte durchaus ihre Berechtigung – hatte er doch stetig vor der braunen Gefahr gewarnt, etwa durch sein Gedicht `Ganz rechts zu singen´, erschienen am 1. Oktober 1930:

„*Stoßt auf mit hellem hohem Klang!/Nun kommt das dritte Reich!/Ein Prosit unserm Stimmenfang!/Das war der erste Streich!//Der Wind schlug um. Nun pfeift ein Wind/von griechisch-nordischer Prägung./Bei Wotans Donner, jetzt*

Reichskanzler ernannt worden war, verwandelte er Deutschland binnen weniger Monate in einen totalitären Einparteienstaat und vereinigte sämtliche Machtpositionen auf sich. Schon in seiner Schrift `Mein Kampf´, in der Haft auf der Feste Landsberg verfasst, formulierte er die nationalsozialistische Ideologie: Ihre Kernpunkte waren ein ausgeprägter Antisemitismus, verbunden mit einem Sozialdarwinismus und einem außenpolitischen Expansionskurs. Hitler, der den Zweiten Weltkrieg entfachte und unsäglich viel Leid über die Welt brachte, entzog sich seiner Verantwortung durch Suizid. Die beste mir bekannte Biographie über den Diktator stammt von Ian Kershaw, Hitler. 1889-1945, München 2009.

[168] Sven Hanuschek hat 2003 Briefe mit bislang unveröffentlichten Briefen Kästners an prominente Literaten seiner Zeit wie Kurt Tucholsky, Heinrich Mann (1871-1950), Stefan Zweig (1881-1942), Astrid Lindgren (1907-2002), Max Frisch (1911-1991) und Bert Brecht (1898-1956) veröffentlicht, vgl. Hanuschek, Sven (Hg.), Erich Kästner: Dieses Na ja!, wenn man das nicht hätte! Ausgewählte Briefe von 1909 bis 1972, Zürich-Hamburg 2003.

[169] Vgl. Erich Kästner an seine Mutter im Brief v. 5.3.1932.

beginnt/die Dummheit als Volksbewegung. (...) Wir brauchen kein Brot, und nur Eins ist not: Die nationale Ehre!/Wir brauchen mal wieder den Heldentod/und die großen Maschinengewehre.//Und deshalb müssen die Juden raus! (...) Die Deutsche Welle, die wächst heran,/als wie ein Eichenbaum./Und Hitler ist der richtige Mann,/der schlägt auf der Welle den Schaum.//Der Reichstag ist ein Schweinestall,/wo sich kein Schwein auskennt./Es braust ein Ruf wie Donnerhall:/ Kreuzhimmelparlament!//Wir brauchen eine Diktatur/viel eher als einen Staat./Die deutschen Männer kapieren nur,/wenn überhaupt, nach Diktat.//Ihr Mannen, wie man es auch dreht,/wir brauchen zunächst einen Putsch!/Und falls Deutschland daran zugrunde geht,/juvivallera, juvivallera,/dann ist es eben futsch."[170]

Wegen solcher und ähnlicher Gedichte und Satiren war Kästner bei den Nazis verhasst. Regelmäßig hetzte der `Völkische Beobachter´[171] gegen ihn.

Kästner veröffentlichte `Gebrauchslyrik´ – also Gedichte, die zu einem bestimmten Zweck oder zu einem bestimmten Anlass entstanden. Mit diesem Begriff, den auch Bertolt Brecht in seiner `Hauspostille[172] verwendete, woll-

---

[170] Erich Kästner, Ganz rechts zu singen, in: Weltbühne v. 1. 10.1930, 509, hier zitiert nach Franz Josef Görtz/Hans Sarkowicz, Erich Kästner, a. a. O., 164f. Das Gedicht bezieht sich auf die Reichstagswahlen vom 14. September 1930, als die Nazis einen erheblichen Stimmenzuwachs erzielten.

[171] Von 1920 bis 1945 war der `Völkische Beobachter´ das publizistische Parteiorgan der NSDAP, als Nazi-Kampfblatt mehr an Agitation als an Information interessiert.

[172] Brechts `Hauspostille´ ist eine Sammlung von Gedichten des Autors aus den Jahren 1916 bis 1925. Der Titel spielt auf Predigtsammlungen an, vgl. Bertolt Brecht, Bertolt Brechts Hauspostille, FfM 1999.

ten sich die Dichter seiner Generation von ihren pathetischen, feierlich-hymnisch dichtenden Vorgängern Goethe[173], Schiller[174], Rilke[175], Trakl[176] und George[177] abheben. ´Gebrauchslyrik´ war als Begriff gewissermaßen ein Understatement. Als Moralist, der Kästner war, bewahrte er sich den pädagogischen Impetus: Nicht nur unterhalten, sondern auch erziehen wollte er. In seinen Gedichtbänden schrieb er deshalb an gegen Untertanengeist, Mangel an Zivilcourage und Intoleranz; er kritisierte den Militarismus und die soziale Ungerechtigkeit. Er sprach die Sorgen der Menschen an, die sie im Alltag quälten: Einsamkeit, Langeweile, im Büro, im ehelichen Zusammenleben. Alle, unabhängig von ihrer sozialen Verortung, konnten sich in Kästners Lyrik wiederfinden. Kästner schrieb einfach, ohne zu vereinfachen. Jede Woche entstand ein neues Gedicht. Seine Sprache war geprägt durch einen saloppen Umgangston, durch Alltagsphrasen, Reklame-Slogans,

---

[173] Über Johann Wolfgang von Goethe schrieb Kästner den Text ´Goethe als Tenor´, in: Erich Kästner Werke, VI, 149f.

[174] Friedrich Schiller (1759-1805) war ursprünglich Arzt. Er trat auch als Philosoph und Historiker in Erscheinung und wurde zu einem der bedeutendsten deutschen Dramatiker (´Die Räuber´, ´Don Karlos´) und Lyriker (´Die Glocke´). Er starb mit 45 Jahren an einer durch Tuberkulose hervorgerufenen Lungenentzündung. Der Ort, an dem sich seine sterblichen Überreste befinden, ist heute unbekannt.

[175] Zu Rainer Maria Rilke (1875-1926), dem deutschen Lyriker und bedeutendsten Dichter der literarischen Moderne, vgl. Erich Kästners Text Rainer Maria Rilke +, in: Erich Kästner Werke, VI, 52f.

[176] Der österreichische Lyriker Georg Trakl (1887-1914) war ein Repräsentant des Expressionismus. Er starb in Krakau nach einer Überdosis Kokain an Herzstillstand.

[177] Der deutsche Lyriker Stefan George (1868-1933) war der Kopf des nach ihm benannten ´George-Kreises´. Er zählte die unterschiedlichsten Persönlichkeiten zu seinen ´Jüngern´. Anbiederungsversuchen der Nazis widerstand er. An seiner Beerdigung in Lorcarno nahmen die Brüder Berthold (1905-1944) und Claus Schenk Graf von Stauffenberg (1907-1944), Widerstandskämpfer gegen das NS-Regime, teil.

Behördenjargon und die Sprache der Militärs. Er dichtete in Reimen, mit vielen Bildern, Witzen und Pointen, und in vielen Fällen mit einem moralischen Appell am Schluss. Gefragt nach Kästners Stil, meinte der berühmte Schriftsteller Hans Fallada[178] einst, sein Kollege gebe seinen Lesern einen „Ausschnitt aus ihrer Alltagswelt: genau, nüchtern, illusionslos. Dazu dann Illusion: Kindheit, Mutter, Konfirmation, Bäume. Und schließlich einen Impuls: wenn's euch dreckig geht, laßt es den anderen nicht dreckig gehen."[179]

Kästner, der zornige Zyniker, der „gekränkte Idylliker"[180], wie er über sich selbst einmal sagte, war einer, der empört war, der traurig war über die Fehlerhaftigkeit des Menschen. Er wollte mit seinen Gedanken eingreifen in die unmenschlichen Verhältnisse seiner Zeit. Er schlug auf die Starken mit seinen Mitteln, mit den geschliffenen Waffen des Wortes, mit aller Macht ein, und er tröstete die Schwachen. Als liberaler Demokrat blieb er Ideologien und Doktrinen gegenüber skeptisch. Für Schwache und Unterdrückte nahm er zwar Partei; der aufkommenden Arbeiterbewegung stand er aber zurückhaltend gegenüber, weil in

---

[178] Hans Fallada (1893-1947, eigentlich Rudolf W. F. Ditzen) gilt mit seinen populären Romanen `Bauern, Bomben und Bonzen´, `Kleiner Mann – was nun?´, ´Jeder stirbt für sich allein´ oder `Wer einmal aus dem Blechnapf frisst´ als Vertreter der sog. `Neuen Sachlichkeit´. Wie Kästner, so blieb auch Fallada, zum Schluss morphin- und alkoholabhängig, im NS-Deutschland.
[179] Hans Fallada, Auskunft über den Mann Kästner (1931/32), zitiert nach: Klaus Kordon, Die Zeit ist kaputt, a. a. O., 76.
[180] Erich Kästner im Bayrischen Rundfunk, online zugänglich: https://www.youtube.com/watch?v=O1Ir9WOcQIE (aufgerufen am 22.6.2019). Kästner war auf der Suche nach Ruhe, Harmonie und Idylle – was allerdings die Zeitgeschichte, deren Teil er war, nicht zuließ.

ihr die marxistischen Funktionäre das Sagen hatten. Kästner hingegen verortete sich selbst im Bürgertum, er schrieb für das Individuum in einem menschenfeindlichen System. Ob Fabrikant oder Arbeiter, ob Beamtenwitwe oder junge Angestellte – Kästner widmete sich *ihren* Problemen und sprach *ihnen* aus der Seele. Er predigte seinen Leserinnen und Lesern Vernunftdenken und Zivilcourage, versprach ihnen aber keine absolute Heilslehre. Es ging nicht darum, etwas Bestimmtes zu tun, um moralisch integer zu sein, sondern darum, auch einmal lieber etwas zu unterlassen – angesichts der politischen Ereignisse und des herrschenden Geistes dieser Zeit war das eine selten gehörte Stimme. Kästner musste sich oft damit auseinandersetzen, dass vielen zwar klar war, wogegen er war, nicht aber wofür. Er setzte sich deshalb damit in einem Gedicht mit dem Titel `Wo bleibt das Positive, Herr Kästner?´ auseinander: „Und immer wieder schickt ihr mir Briefe, in denen ihr, dick unterstrichen, schreibt: `Herr Kästner, wo bleibt das Positive?´ Ja, weiß der Teufel, wo das bleibt."[181] Später formulierte er es einmal im Blick auf sich selbst so: „Er ist ein Moralist. Er ist ein Rationalist. Er ist ein Urenkel der deutschen Aufklärung, spinnefeind der unechten `Tiefe´, die im Lande der Dichter und Denker nie aus der Mode kommt, untertan und zugetan den drei unveräußerlichen Forderungen: nach der Aufrichtigkeit des

---

[181] Erich Kästner, Und wo bleibt das Positive, Herr Kästner?, in: Erich Kästner Werke, I, 170. Das Gedicht befindet sich in Kästners drittem Lyrikband mit dem Titel `Ein Mann gibt Auskunft´.

Empfindens, nach der Klarheit des Denkens und nach der Einfachheit in Wort und Satz."[182] Heute werden Kästners Werke wie die von Christian Morgenstern[183] und Joachim Ringelnatz[184] der `Neuen Sachlichkeit´[185] zugerechnet. Wer so viel schrieb und veröffentlichte und so viel Erfolg hatte, dem ging es natürlich bald auch finanziell besser. Kästner zog im Oktober 1929 in eine geräumigere Wohnung nach Berlin-Charlottenburg um, in die Nähe des Kurfürstendammes unweit des Lehniner Platzes, ins lichte Obergeschoss eines ruhigen Hinterhauses: in die Roscherstraße 16, Gartenhaus 4, in der er bis Februar 1944,

---

[182] Erich Kästner, Kästner über Kästner, in: Die kleine Freiheit, in: Erich Kästner Werke, II, 187-330, Zitat auf 326f.
[183] Der deutsche Schriftsteller, Dramatiker, Übersetzer und Lyriker Christian Morgenstern (1871-1914) wurde besonders durch seine `Galgenlieder´ und durch seine Sprachkomik, wie sie z. B. im Gedicht `Der Lattenzaun´ oder in `Der Schnupfen´ zum Ausdruck kommt, bekannt. Noch heute wird ein Satz von ihm gerne zitiert, nämlich, dass „nicht sein kann, was nicht sein darf." Morgensterns Texte sind im SPIEGEL-Projekt Gutenberg online zugänglich: https://gutenberg.spiegel.de/autor/christian-morgenstern-423 (aufgerufen am 26.6.2019).
[184] Joachim Ringelnatz (1883-1934), Schriftsteller, Kabarettist und Maler aus Wurzen (eigentlich Hans Gustav Bötticher), Erschaffer des `Kuttel Daddeldu´, hinterließ ein skurriles expressionistisches und witziges Werk, vgl. dazu Erich Kästner, Die Groteske als Zeitgefühl, in: Erich Kästner Werke, VI, 16-19, und ders., Ringelnatz und Gedichte überhaupt, in: Erich Kästner Werke, VI, 226-228.
[185] `Neue Sachlichkeit´ – der Terminus ist in der Literaturgeschichte nicht ganz eindeutig – wurde jene neue literarische Strömung in der deutschen Literatur genannt, die sich vom Expressionismus abhob. „Als allgemeine Stilkennzeichen gelten: wirklichkeitsnahe und zeitbezogene Themengestaltung, sachlich-neutrale Perspektive, schnelle Szenenwechsel, schlichte Alltagssprache, Lakonie und Sprachwitz" (Isa Schikorsky, Erich Kästner, a. a. O., 84f.). Ihre wichtigste literarische Form war die Reportage; daneben entstanden Romane anderer Art, wie z. B. `Berlin Alexanderplatz´ von Alfred Döblin (1878-1957), dem deutsch-französischen promovierten Psychiater, Schriftsteller, Sozialisten, Expressionisten, führenden Wegbereiter der Moderne und Juden, der 1941 zum Katholizismus konvertierte, vgl. dazu Erich Kästner Döblins Berliner Roman, in: Erich Kästner Werke, VI, 217f. Insofern kann man Kästners `Emil und die Detektive´ als Pendant der Kinderliteratur zu `Berlin Alexanderplatz´, dem bedeutendsten deutschen Großstadtroman des 20. Jahrhunderts, ansehen.

bis zur Ausbombung, wohnen blieb.[186] Da ihm die Schreibarbeit über den Kopf zu wachsen drohte – er sprach von seiner kleinen `Versfabrik´ –, stellte er Elfriede Mechnig[187] als seine Sekretärin an: `Kästner & Co´ war geboren. Sie redete ihn mit `Chef´ an und er nannte sie – selbst in Briefen – `& Co´, und auch seine Freunde und Bekannten übernahmen den Spitznamen. Fünfundvierzig Jahre arbeitete Elfriede Mechnig für Erich Kästner, dem von Anfang an eine multimediale Verwertung seiner Produkte wichtig war. Zu ihren Aufgaben gehörten Schreibarbeiten und die Verantwortung für ein Vertriebsbüro für die gesamte deutschsprachige Presse, also in Deutschland, Österreich und der Schweiz, die sie mit Gedichten und Artikeln Kästners belieferte. Auf diese Weise wurde ein kleines Unternehmen erfolgreich auf die Beine gestellt, und es dauerte nicht lange, bis Kästner seine Sekretärin am Umsatz seiner Gedichte mit zehn Prozent beteiligte. Neben allen füh-

---

[186] Vgl. anlässlich von Kästners 120. Geburtstag den weiterführenden Artikel von Peter von Becker, „Einmal wird´s jedem zu dumm!", in: Berliner Tagesspiegel vom 23.2.2019: https://www.tagesspiegel.de/berlin/120-geburtstag-von-erich-kaestner-einmal-wirds-jedem-zu-dumm/24029294.html (aufgerufen am 14.6.2019) und ein Foto von Kästners Wohnhaus in der Roscherstraße: https://www.berlin.de/ba-charlottenburg-wilmersdorf/ueber-den-bezirk/geschichte/gedenktafeln/artikel.125637.php (aufgerufen am 21.7.2019).
[187] Elfriede Mechnig (1901-1986), deutsche Literaturagentin und Übersetzerin, hatte Kästner 1928 in einem Berliner Kaffeehaus kennengelernt. Nachdem Kästner nach 1945 nach München umgezogen war, führte sie sein Berliner Büro in einer Mietswohnung in der Niedstraße 5 in Friedenau bis 1985 weiter. Ihr Nachlass befindet sich heute im Archiv der Akademie der Künste in Berlin.

renden Zeitungen und Zeitschriften und im Kabarett hielten Kästners Texte bald auch Einzug ins revolutionärste Medium seiner Zeit: Sie wurden im Radio gesendet![188]

Am 15. Oktober 1929 erschien auf Anregung der jüdischen Verlegerin Edith Jacobsohn[189] Erich Kästners erstes Kinderbuch `Emil und die Detektive`[190], kongenial illustriert von Walter Trier[191]: Es handelt von dem zwölfjährigen Emil

---

[188] Kästners Biograph Sven Hanuschek schreibt: „Kästner hat eine geniale Fähigkeit im Umgang mit den neuen Medien seiner Zeit gezeigt, vor allem für Rundfunk und Film adaptierte er immer wieder lustvoll seine Stoffe" (Sven Hanuschek, Erich Kästner, a. a. O., 8). Vgl. auch Silke Becker/Sven Hanuschek (Hgg.), Erich Kästner und die Moderne (Erich Kästner-Studien Band 5, hg. von Sebastian Schmideler im Auftrag des Fördervereins Erich Kästner Forschung e. V.), Baden-Baden 2017, 7ff.

[189] Edith Jacobsohn, geb. Schiffer (1891-1935) aus Berlin, Cousine des Verlegers Paul Cassirer (1871-1926) und des Philosophen Ernst Cassirer (1874-1945), war die Tochter eines jüdischen Holzhändlers und Bauunternehmers. Als Ehefrau des Publizisten und Theaterkritikers Siegfried Jacobsohn (1881-1926), Herausgeber der Zeitschrift `Die Schaubühne`, die ab 1918 in `Die Weltbühne` umbenannt und zu *dem* pazifistischen Forum der politischen Linken wurde, rettete sie dessen Zeitschrift mit ihrem Vermögen mehrmals vor dem Konkurs. Nach dem Tode ihres Mannes leitete sie den Verlag der `Weltbühne`. Sie übersetzte Kinderbücher aus dem Englischen, darunter Hugh Loftings `Doktor Dolittle und seine Tiere` und Alan Alexander Milnes `Pu der Bär`. Am Tag nach dem Reichstagsbrand floh sie über Wien und Zürich nach London; dort starb sie verarmt. In Deutschland geriet sie bis in die 70er Jahre hinein in Vergessenheit. Sven Hanuschek bezweifelt in seiner Kästner-Biographie die Anekdote, dass die Idee zu Kästners `Emil` auf sie zurückgeht, vgl. Sven Hanuschek, Keiner blickt, a. a. O., 141f., und weist nach, dass Kästner bei dem Jugendbuchautor Wolf Durian (1892-1969) Anleihen genommen hat, und zwar bei dessen Buch `Kai aus der Kiste` (1926).

[190] Vgl. Erich Kästner, Emil und die Detektive, in: Erich Kästner Werke, VII, 193-450. Michael Bienert hat herausgefunden, dass es sich bei den Schauplätzen in Kästners Berlin-Romanen, am offensichtlichsten im `Emil`, um den lokalen persönlichen Erfahrungshintergrund Kästners handelt (beispielsweise heißt Emils Heimatort Neustadt so wie das Viertel, in dem Erich Kästner aufwuchs oder die Dresdner Augustusbrücke, einem Lieblingsort seiner Mutter, wenn sie Suizidgedanken plagten, ist Schauplatz seines Romanhelden Fabian, der von dieser Brücke in den Tod springt), vgl. Michael Bienert, Kästner und der Detektiv, in: Tagesspiegel v. 26.11.2014: https://www.tagesspiegel.de/gesellschaft/schriftsteller-erich-kaestner-kaestner-und-der-detektiv/11016312-all.html (aufgerufen am 18.6.2019). Vgl. dazu auch Michael Bienert, Kästners Berlin. Literarische Schauplätze, Berlin 2014, der in seinem Buch die Berliner Wege Kästners neu recherchiert hat.

[191] Der Karikaturist Walter Trier (1890-1951) hatte für den `Simplicissimus` und die `Lustigen Blätter` gezeichnet, auch Bühnenbilder und einen Trickfilm hergestellt. Eigentlich

Tischbein, einem Musterknaben, der auf seiner Reise in den Sommerferien aus seiner Heimatstadt Neustadt zu seiner Großmutter und seiner Cousine Pony Hütchen nach Berlin im Zug von einem merkwürdigen Typen mit Hut, Herrn Grundeis, zunächst betäubt und anschließend beraubt wird. Auf der Jagd nach dem gestohlenen Geld, das sich Emils Mutter von ihrem Frisierlohn vom Munde abgespart hatte, um die Großmutter damit zu unterstützen, gelingt es dem aufgeweckten Realschüler mit Hilfe einer Berliner Kinderbande, den Dieb zu verfolgen, zu überführen und festnehmen zu lassen. Das geraubte Geld wird sichergestellt und Emil erhält obendrein noch unter großer öffentlicher Anteilnahme – die Zeitungen sind voll von Berichten über seine tapfere Tat – eine Belohnung. Denn es handelt sich bei dem Dieb um einen polizeilich gesuchten Betrüger und Einbrecher, einen ganz dicken Fisch, der der Polizei dank Emil und seinen Detektiven ins Netz gegangen ist.

Für die damalige Kinderbuchliteratur ungewöhnlich war, dass die Story in der Gegenwart der Großstadt Berlin spielte, in den Hinterhöfen und auf den Straßen der Hauptstadt. Ungewöhnlich war neben dem Schauplatz auch die

---

aber war er Bücher- und Zeitschriftenillustrator. 25 Jahre lang illustrierte er Kästners Kinderbücher, wie die Bücher, die im November 1930 erschienen, die beiden Bilderbücher `Arthur mit dem langen Arm´ (vgl. Erich Kästner Werke, VIII, 7-229), und `Das verhexte Telefon´ (vgl. Erich Kästner Werke, VIII, 23-40) sowie Kästners dritten Lyrikband, `Ein Mann gibt Auskunft´. Als verfolgter Prager Jude emigrierte Trier Ende 1936 nach London, hielt allerdings den Kontakt zu Kästner (Salzburg-Aufenthalt 1937). 1947 wanderte er nach Kanada aus, wo seine Tochter lebte. Er starb im Alter von 61 Jahren an den Folgen eines Herzinfarkts, vgl. Erich Kästner, Ein deutscher Kleinmeister aus Prag, in: Erich Kästner Werke, VI, 647-654. Nachfolger als Illustrator der Werke Kästners wurde 1954 Horst Lemke (1922-1985).

schnoddrige Umgangssprache, u. a. im Berliner Dialekt der Protagonisten geschrieben. Kästner hatte den Ton der Kinder getroffen und damit den Nerv der Zeit. Einige der kindlichen Detektive wie ´Gustav mit der Hupe´, ´der Professor´, ´der kleine Dienstag´ und ´Pony Hütchen´ sind seither aus der Weltliteratur nicht mehr wegzudenken, und auch von Erwachsenen wird das Buch bis heute mit Begeisterung aufgenommen. Schon 1931 wurde es erfolgreich verfilmt: Die Premiere am Kurfürstendamm löste frenetische Reaktionen beim kindlichen Publikum aus, Kästner gelangte dadurch auf einen Schlag zu Weltruhm: In Wien, Paris, London und New York sorgte er für volle Häuser.[192] Die Kinder verstanden die Botschaft der Story unmittelbar: Wenn ein Unrecht geschieht, können Kinder es

---

[192] Erich Kästner und Emmerich Pressburger (1902-1988) hatten gemeinsam das Drehbuch geschrieben. Der Film wurde am 2. Dezember 1931 im UfA-Theater am Kurfürstendamm in Anwesenheit der Hauptdarsteller und Erich Kästners uraufgeführt. Er wurde ein Welterfolg, obwohl Kästner mit der weiteren Bearbeitung seines Drehbuchs durch den damals völlig unbekannten Billy Wilder (1906-2002), der später durch Komödien wie ´Manche mögen´s heiß´ weltberühmt wurde, und Gerhard Lamprecht (1897-1974), der auch Regie führte, nicht zufrieden war, vgl. weiterführend Ingo Tornow, Erich Kästner und der Film, München 1998, 30-41. Rolf Wenkhaus (1917-1942), der sich für die Rolle des Emil Tischbein gegen 2500 Mitbewerber durchgesetzt hatte, starb, nachdem er sich 1939 zur Wehrmacht gemeldet hatte, als Besatzungsmitglied eines abgeschossenen Focke-Wulf-Bombers. Er galt lange als vermisst und wurde 1948 für tot erklärt. Weitere Kinderdarsteller wie Hans Schaufuß (1918-1941), der Gustav mit der Hupe und Hans Albrecht Löhr (1922-1942), der den kleinen Dienstag gespielt hatte, fielen an der Ostfront: Schaufuß 1941 in Zentralrussland und Löhr wurde zwanzigjährig in der Nähe des russischen Dorfes Korpowo begraben. Als einziger der jungen Hauptdarsteller überlebte Hans Richter (1919-2008) den Zweiten Weltkrieg: Er hatte den schlauen, sommersprossigen, rothaarigen, schlaksigen und vorwitzigen ´Fliegenden Hirsch´ mit der rotzigen Himmelfahrtsnase gespielt und war später neben Heinz Rühmann als ´Rosen´ in der Komödie ´Die Feuerzangenbowle´ zu sehen. Inge Landgut (1922-1986) als ´Pony Hütchen´ spielte später auf Bühnen in Eisenach, Karlsruhe und Berlin und nach Kriegsende in Fernsehserien; außerdem wirkte sie als Synchronsprecherin.

selbst in Ordnung bringen bzw. dank einigen mit ihnen verbündeten Erwachsenen ihr Problem lösen. Selbst, wenn man wie Emil Tischbein in einer Kleinstadt in der Provinz aufgewachsen ist und in die Großstadt kommt, kann man in der Lage sein, sich zurechtzufinden – wenn man offen ist gegenüber anderen, sich an rechtsstaatliche Strukturen hält und sich moderner Medien bedient. Dann kann es sein, dass man Solidarität erfährt und sich die Gerechtigkeit durchsetzt, getreu dem Motto `Alles ist möglich dem, der glaubt´! Kästners `Emil´ wurde allein in Deutschland über zwei Millionen Mal verkauft und achtmal verfilmt.[193] Es wurde in über 50 Sprachen übersetzt, in den USA und in Asien wurde sogar Deutsch damit gelernt – der Stoff schien ohne weiteres auf andere Kontexte übertragbar zu sein. Durch den Buchverkauf seines `Emils´, die Vergabe der Nebenrechte (Lizenzen, Film- und Bühnenrechte) wurde Erich Kästner wohlhabend. Die Geschichte ermöglichte ihm einen luxuriösen Lebensstil, eine schöne Wohnung, Maßanzüge und einen Frack sowie Winterurlaube in den nobelsten Grandhotels.[194] Selbst, als Erich Kästner Berufsverbot erhalten hatte und seine Bücher im Deutschen Reich nicht mehr verkauft werden durften, wurde

---

[193] Vgl. Isa Schikorsky, Erich Kästner, a. a. O., 61, die von 1,7 Millionen abgesetzten Exemplaren bis Mitte der neunziger Jahre allein in Deutschland und vom „international berühmteste(n) deutsche(n) Kinderbuch des 20. Jahrhunderts" spricht. Auch die Theaterfassung, bei deren Berliner Uraufführung am 3.12.1930 der berühmte Theo Lingen (1903-1978) die Rolle des Herrn Grundeis spielte, war ein Erfolg.

[194] Es wird berichtet, dass Kästner nicht nur an sich selbst dachte, sondern auch sehr spendabel war, besonders gegenüber seiner Mutter, und sich karitativ betätigte, indem er etwa für wohltätige Zwecke spendete, vgl. weiterführend Helga Bemmann, Erich Kästner, a. a. O., 191.

der Emil-Film weiter in den Kinos gezeigt. Auch bei weiteren Filmen war nun Kästners Mitarbeit gefragt, der im Unterschied zu anderen Intellektuellen dem neuen Medium offen gegenüberstand.[195] Mit `Pünktchen und Anton´[196] und `Das fliegende Klassenzimmer´[197] schrieb Kästner zwei weitere gegenwartsbezogene Kinderbücher, die ebenfalls zu Erfolgen wurden, weil es Kästner erneut gelang, die Kinder dort abzuholen, wo sie waren; weil er sie ernst zu nehmen und wie Erwachsene zu behandeln

---

[195] Vgl. Isa Schikorsky, Erich Kästner, a. a. O., 47f. Besonders Buster Keaton (1895-1966) und Charlie Chaplin (1889-1977) hatten es ihm künstlerisch angetan.
[196] Vgl. Erich Kästner, Pünktchen und Anton. Ein Roman für Kinder, in: Erich Kästner Werke, VII, 451-545. Kästner schrieb das Buch in einem Ostseeurlaub in Warnemünde im Juni 1931 in nur zehn (!) Tagen herunter, weil seine Verlegerin einen weiteren `Kästner´ wollte. Das über zweihundert Seiten starke Werk erschien Mitte November 1931. Es geht in ihm um die Freundschaft zweier Kinder, des Halbwaisen Anton Gast und der aus reichem Hause stammenden, aber sozial vernachlässigten Spazierstockfabrikdirektorentochter Luise Pogge, genannt Pünktchen. Die Uraufführung von `Pünktchen und Anton´ auf der Bühne fand Weihnachten 1931 am Deutschen Theater statt. 1953 wurde das Buch erstmals verfilmt (Drehbuch: Erich Kästner, Regie: Thomas Engel [1922-2015]). Hier ein Ausschnitt: https://www.youtube.com/watch?v=lRRs0JUm3qA&list=PLPSrSKAmQtvnclTDoF59Si3vVtYsYbeC0 (aufgerufen am 30.6.2019) und erfuhr 1999 von Oscarpreisträgerin Caroline Link (geb. 1964) eine Neuverfilmung. Dabei basiert der Film mit Elea Geissler (geb. 1988) als Pünktchen und Max Felder (geb. 1988) als Anton nur entfernt auf dem gleichnamigen Buch von Erich Kästner, vgl. weiterführend Ingo Tornow, Erich Kästner, a. a. O., 42-50. Kästner selbst ist zu hören als Erzähler in der `Pünktchen-und-Anton´-Hörspielfassung von 1963: https://www.youtube.com/watch?v=yMmNH3zL5ss: (aufgerufen am 21.6.2019).
[197] Vgl. Erich Kästner, Das Fliegende Klassenzimmer, in: Erich Kästner Werke, VIII, 41-159. 1933 entstanden, handelt das Buch von Internatsschülern, die für die Weihnachtsfeier an ihrer Schule ihr selbstgeschriebenes Theaterstück mit dem Titel `Das fliegende Klassenzimmer´ proben. Der Stoff wurde 1954 erstmals verfilmt (Regie: Kurt Hoffmann [1910-2001], ein Ausschnitt mit Erich Kästner ist auf YouTube zu sehen: https://www.youtube.com/watch?v=Q3J-4tDC1OE [aufgerufen am 21.6.2019]), 1973 zum zweiten Mal (Regie: Werner Jacobs [1909-1999]) und zum dritten Mal 2003 in Zusammenarbeit mit dem ZDF unter der Regie von Tomy Wigand (geb. 1952) mit Ulrich Noethen (geb. 1959), Sebastian Koch (geb. 1962), Piet Klocke (geb. 1957) und Anja Kling (geb. 1970) in den (erwachsenen) Hauptrollen. Die Kritiken zu dieser Neuverfilmung waren gespalten. Vgl. Ingo Tornow, Erich Kästner, a. a. O., 50-55.

schien. Wenn Kinder, so die heimliche Botschaft des Romans, andere Kinder weltweit unmittelbar verstehen und „nur gemeinsam handeln, können sie mehr bewegen als ihre Eltern, Großeltern, Tanten und Onkel – und sogar mehr als die Polizei. (…) Die Erwachsenen sind oft nur Statisten, die erst spät oder zu spät merken, daß sie nicht mehr die Fäden in der Hand halten. Kindern scheinen solche Geschichten, wo nur sie die Helden sind, zu allen Zeiten Spaß zu machen."[198] Bekannt wurde ein Telegramm aus Santa Monica von Marlene Dietrich[199], das für die Reaktionen von Leserinnen und Lesern im Blick auf alle Kinderbücher Kästners als exemplarisch angesehen werden kann: „haben himmlischen abend mit puenktchen und anton stop ich wuenschte sie koennten mein kind lachen hoeren tausend gruesze und dank."[200]

Kästner wurde jetzt ins PEN-Zentrum[201] gewählt. Er war nicht nur der Verfasser von erfolgreichen Kinderbüchern:

---

[198] Franz Josef Görtz/Hans Sarkowicz, Erich Kästner, a. a. O., 111.
[199] Die deutsch-US-amerikanische Schauspielerin und Sängerin Marlene Dietrich (1901-1992) war eine stilbildende Leinwand-Legende und Hollywood-Ikone. Zu ihren erfolgreichsten Liedern zählten `Ich bin von Kopf bis Fuß auf Liebe eingestellt´, `Lili Marleen´ und `Sag mir, wo die Blumen sind´. Als Schauspielerin erlangte sie Ruhm durch `Zeugin der Anklage´ (1957) und `Das Urteil von Nürnberg´ (1961). Sie emigrierte in die USA, nahm die US-amerikanische Staatsbürgerschaft an und kämpfte im Zweiten Weltkrieg auf Seiten der US-Army. Mit Marlene Dietrich und `der Göttlichen´ Greta Garbo (1905-1990) hatte sich Kästner in einem Beitrag über auseinandergesetzt, in: Erich Kästner Werke, VI, 284f.
[200] Marlene Dietrich, zit. nach Sven Hanuschek, Keiner blickt, a. a. O., 182. Ihr Telegramm ist abgedruckt in: Franz Josef Görtz/Hans Sarkowicz, Erich Kästner, a. a. O., 144.
[201] Die Gründung des PEN-Zentrums geht auf das Jahr 1921 zurück. Die Abkürzung `PEN´ bedeutet `Poets, Essayists, Novelists´. 1933 wurde es von den Nazis `gleichgeschaltet´, während aus Nazi-Deutschland geflohene Autoren im Ausland eine Exil-Or-

Am Anfang seiner Karriere standen gesellschaftskritische und antimilitaristische Gedichte. Die Bücher für Erwachsene waren im Unterschied zu seinen Kinderbüchern düster und pessimistisch. In seinem Schaffen wurde sein Selbstverständnis als eines `Moralisten´ deutlich – eine Kategorisierung, die weniger mit einem moralisch vorbildhaften Leben zu tun hatte als vielmehr mit der Art der Beobachtung von gesellschaftlichen Prozessen. Ein Moralist, also ein passionierter Zuschauer, nimmt seine Umgebung genau wahr, kommentiert und bewertet das Gesehene. Ein Moralist ist also primär ein kritischer Beobachter.[202] Dazu gehörte, dass sich Kästner auch politisch zu Wort meldete.[203] Eines seiner Gedichte gegen den Krieg heißt `Die andere Möglichkeit´:

„*Wenn wir den Krieg gewonnen hätten,/mit Wogenprall und Sturmgebraus,/dann wäre Deutschland nicht zu retten/und gliche einem Irrenhaus./Man würde uns nach Noten zähmen/wie einen wilden Völkerstamm./Wir sprängen,*

---

ganisation gründeten. 1948 wurde das PEN-Zentrum in Göttingen neu gegründet. Infolge des Ost-West-Konflikts spaltete es sich. Von 1951 bis 1962 war Erich Kästner der Präsident des PEN-Zentrum/West. 1998 vereinigten sich beide deutschen PEN-Zentren. Heute (2019) ist das PEN-Zentrum Deutschland mit Sitz in Darmstadt Mitglied des Internationalen PEN-Zentrums. Präsidentin ist seit 2017 die deutsche Schriftstellerin und Literaturwissenschaftlerin Regula Venske (geb. 1955). Vgl. dazu weiterführend Sven Hanuschek, Geschichte des bundesdeutschen PEN-Zentrums von 1951 bis 1990, Tübingen 2004.
[202] Vgl. dazu Hans Sahl, Das Exil im Exil, FfM 1990, ³1990, 49ff. Sahl verstand sich auch als Moralist, als `Beobachter der Welt´.
[203] 1932 gehört Kästner zu den Unterzeichnern des `Dringenden Appells´, zusammen mit Albert Einstein (1879-1955), Heinrich Mann (1871-1950), Kurt Hiller (1885-1972), Ernst Toller (1893-1939), Käthe Kollwitz (1867-1945) und Arnold Zweig (1887-1968), in dem angesichts der nationalsozialistischen Bedrohung zu einem Zusammengehen von SPD und KPD und dem Aufbau einer einheitlichen Arbeiterfront aufgerufen wurde, vgl. Sven Hanuschek, Keiner blickt, a. a. O., 212.

wenn Sergeanten kämen,/vom Trottoir und stünden stramm./Wenn wir den Krieg gewonnen hätten,/dann wären wir ein stolzer Staat./Und pressten noch in unsern Betten/die Hände an die Hosennaht./Die Frauen müssten Kinder werfen,/Ein Kind im Jahre. Oder Haft./Der Staat braucht Kinder als Konserven./Und Blut schmeckt ihm wie Himbeersaft./Wenn wir den Krieg gewonnen hätten,/dann wär der Himmel national./Die Pfarrer trügen Epauletten/Und Gott wär deutscher General./Die Grenze wär ein Schützengraben./Der Mond wär ein Gefreitenknopf./Wir würden einen Kaiser haben/und einen Helm statt einem Kopf./Wenn wir den Krieg gewonnen hätten,/dann wäre jedermann Soldat./Ein Volk der Laffen und Lafetten!/Und ringsherum wär Stacheldraht!/Dann würde auf Befehl geboren./Weil Menschen ziemlich billig sind./Und weil man mit Kanonenrohren/allein die Kriege nicht gewinnt./Dann läge die Vernunft in Ketten./Und stünde stündlich vor Gericht./Und Kriege gäb's wie Operetten./Wenn wir den Krieg gewonnen hätten – /zum Glück gewannen wir ihn nicht!"[204]

---

[204] Erich Kästner, Die andere Möglichkeit, in: Erich Kästner Werke, I, 121f. Das Gedicht stammt aus seinem Lyrikband `Ein Mann gibt Auskunft´ von 1930.

IV. Überwintern in der NS-Diktatur

So ist es nicht verwunderlich, dass Kästner wegen solcher und ähnlicher Zeilen[205] bei nationalistisch, völkisch und nationalsozialistisch denkenden Zeitgenossen verhasst war und nach der Machtübernahme der Nazis sofort mit zu den Autoren zählte, deren Bücher am 10. Mai 1933 von ihnen als `undeutsch´ öffentlich verbrannt wurden.[206] Womit die Nazis aber vermutlich nicht gerechnet haben dürften: Kästner hatte vorab von der Ankündigung der Bücherverbrennung in der Presse erfahren und war auf dem Opernplatz in Berlin persönlich mit dabei, um Augen- und Ohrenzeuge zu sein![207] Zusammen mit einem Freund

---

[205] Dazu würde ich auch die Gedichte `Stimmen aus dem Massengrab´, `Fantasie von übermorgen´, `Das letzte Kapitel´, `Marschliedchen´ und `Ganz rechts zu singen´, zählen, in: Erich Kästner Werke, I, 61f., 72f., 171f., 220f. und 248f.

[206] Auf YouTube sind Videos über den Tag, als überall in Deutschland Bücher verbrannt wurden, verfügbar, wie z. B.: https://www.youtube.com/watch?v=Ly6_C9TB_24 (aufgerufen am 14.6.2019). Das Buch `Wo man Bücher verbrennt... Verbrannte Bücher, verbannte und ermordete Autoren Hamburgs´ dokumentiert die gleichnamige Ausstellung, die im Mai 2013 in der Staats- und Universitätsbibliothek Hamburg eröffnet und im Mai 2015 im Audimax der Universität Hamburg präsentiert wurde. 25 Jahre nach dem Ereignis, am 10.5.1958, hielt Kästner auf einer PEN-Tagung eine Rede, vgl. Erich Kästner, Über das Verbrennen von Büchern, in: Erich Kästner Werke, VI, 638-647, online zugänglich unter: https://www.youtube.com/watch?v=63vKVx9VQjM (aufgerufen am 14.6.2019). Kästner erinnert in der Rede u. a. an seinen von den Nazis ermordeten Klassenkameraden, den Widerstandskämpfer Hans Otto (1900-1993), und an seinen Freund Carl von Ossietzky (1889-1938). Der Text befindet sich auch in: Rudolf Wolff (Hg.), Erich Kästner, a. a. O., 106-112.

[207] Er schreibt später darüber, vgl. Erich Kästner, Über das Verbrennen von Büchern, Zürich 2013. Schon Heinrich Heine hatte gesagt: „Das war ein Vorspiel nur, dort wo man Bücher verbrennt, verbrennt man auch am Ende Menschen" (Heinrich Heine, Almansor, 148, zit. nach: https://de.wikisource.org/wiki/Almansor_%28Heine%29, aufgerufen am 3.7.2019). Der Hintergrund von Heines Plädoyer für die Toleranz war die Verbrennung des Korans nach der Eroberung Granadas durch christliche Ritter unter Kardinal Francisco Jiménez de Cisneros (1436-1517) in den Jahren 1499/1500. Heute wird

stand er inkognito in der Menge, als er seine Bücher in Flammen aufgehen sah.[208] Es regnete. Die NS-Studentenschaft, der Dachverband aller deutscher Studenten, rief auf Transparenten zum `Kampf dem undeutschen Geist´ und zum `Kampf dem schlechten Buche´ auf. Kästner musste mit geballter Faust in der Tasche mit ansehen, wie seine Bücher `Fabian´ und seine Gedichtbände zusammen mit den Büchern von Heinrich Mann[209], Ernst Glaeser[210] und vielen anderen auf dem Scheiterhaufen der Nazis ein Raub der Flammen wurden. Er wurde Zeuge, wie NS-Studentinnen und -studenten in SA-Uniform mit dem `Feuerspruch´, das heißt mit den Worten: `Gegen Dekadenz und moralischen Verfall! Für Zucht und Sitte in Familie und Staat!´ seine Bücher verbrannten und unter dem Absingen von nationalsozialistischen Kampfliedern in Fa-

---

Heines Zitat im Allgemeinen prophetisch auf die Bücherverbrennung der Nazis gedeutet.
[208] Vgl. dazu Helga Bemmann, Erich Kästner, a. a. O., 221-224.
[209] Zu Heinrich Mann (1871-1950) vgl. weiterführend Thomas O. H. Kaiser, Heinrich Mann. Auf den Spuren eines vergessenen Schriftstellers (2003), in: ders., Antidot. 13 Essays zur Literatur, Geschichte, Musik und Kultur, Norderstedt 2014, 229-257.
[210] Der deutsche Schriftsteller Ernst Glaeser (1902-1963), ein Vertreter der Neuen Sachlichkeit und anfangs der KPD nahestehend, emigrierte 1933 über die Tschechoslowakei nach Zürich. Er kehrte jedoch entmutigt 1939 wieder nach Nazi-Deutschland zurück. Das nutzten die Nazis für ihre Zwecke: Es wurde ihm gestattet, wieder zu publizieren; er wurde nach seiner Einberufung Redakteur der `Luftwaffen-Frontzeitungen´ und schrieb u. a. für die `Krakauer Zeitung´ im sog. `Generalgouvernement´, dem von den Nazis besetzten Polen. Die Sowjets setzten sein Werk auf die `Liste der auszusondernden Literatur´. Seit 2018 befindet sich der Nachlass Ernst Glaesers im Deutschen Literaturarchiv Marbach, vgl. dazu Volker Weidermann, Das Buch der verbrannten Bücher, Köln 2008, 57-60.

ckelzügen im Vorbeiziehen ihre Fackeln auf den getränkten Holzstoß warfen.[211] Damit feuerpolizeilich und sicherheitstechnisch alles seine Ordnung hatte – Ordnung war den Nazis als postuliertes `deutsches Prinzip´ bei ihrem Autodafé zumindest nach außen wichtig –, bestand der Scheiterhaufen aus Buchenholz mit einer Sandunterlage. So wurden die Werke der besten deutschen Dichter und Denker öffentlich verbrannt – allein in Berlin über 20000 Exemplare! „Dieser Tag ist seither das traurige Symbol der Unterdrückung der Geistesfreiheit und schließlich jeder Freiheit in Deutschland."[212] Da wurde Kästner plötzlich von einer Frau erkannt! Es gelang ihm, schnell in der Menge unterzutauchen. Es passierte ihm weiter nichts.[213] Im Unterschied zu vielen Schriftstellern, unter ihnen viele Juden und regimekritische Autoren, emigrierte Kästner nicht nach dem 30. Januar 1933, den Tagen und Monaten danach, oder wie Bertolt Brecht oder Heinrich Mann, sofort nach dem Reichstagsbrand Ende Februar 1933, sondern blieb die ganzen zwölf Jahre während Nazi-Diktatur in Berlin.[214] Er begründete später seine Entscheidung, für die

---

[211] Weitere `Feuersprüche´ findet man bei Ulrich Walberer (Hg.), 10. Mai 1933. Bücherverbrennung in Deutschland und die Folgen, FfM 1983, 115.
[212] Manfred Flügge, Das flüchtige Paradies. Künstler an der Côte d´Azur, Berlin 2008, 62. Erich Kästner taucht in dem Band des Journalisten und Schriftstellers Jürgen Serke (geb. 1938) *nicht* namentlich auf, vgl. Jürgen Serke, Die verbrannten Dichter. Lebensgeschichten und Dokumente, Weinheim 1992.
[213] Kästner hat diese Situation selbst einmal beschrieben, vgl. Erich Kästner, Bei Verbrennung meiner Bücher, in: Rudolf Wolff (Hg.), Erich Kästner, a. a. O., 83.
[214] Vgl. dazu Erich Kästner, Der Reichstagsbrand gab das Signal, in: Rudolf Wolff (Hg.), Erich Kästner, a. a. O., 84f. Der Reichstagsbrand am 27. Februar 1933 war der Auslöser, um Kommunisten und Sozialdemokraten festzunehmen, zu schlagen, zu foltern und in KZ-Haft zu bringen. Bis heute wird angenommen, dass die Nazis den Brand

er sich immer wieder von Neuem rechtfertigen musste[215], damit, dass für ihn keine akute Lebensgefahr bestanden hätte und dass er als politisch engagierter Schriftsteller Augenzeuge und Chronist der Ereignisse sein wollte – mit dem Ziel, gegebenenfalls einen Roman über die Geschehnisse zu schreiben.[216] Außerdem erwähnte er gegenüber seiner Mutter, dass er sich im Falle einer Auswanderung

---

selbst legten, um einen Vorwand für die landesweiten Verhaftungswellen zu haben. Als Einzeltäter wurde damals der niederländische Kommunist Marinus van der Lubbe (1909-1934) verhaftet. Tatsächlich wurden aufgrund der auf den Brand folgenden Gesetze mehrere Grundrechte der Weimarer Verfassung außer Kraft gesetzt und politische Gegner verfolgt. Van der Lubbe wurde zum Tode verurteilt und am 10. 1. 1934 im Hof des Leipziger Landgerichtsgebäudes von Scharfrichter Alwin Engelhardt (1875-1940) enthauptet. 2007 wurde das Todesurteil gegen Marinus van der Lubbe formalrechtlich aufgehoben.

[215] Schon 1933 hatte Kästner in einem Brief an seine Mutter geschrieben: „Also, mit dem Draußenbleiben, das kommt gar nicht in Frage. Ich habe ein gutes Gewissen und ich würde mir später den Vorwurf der Feigheit machen. Das geht nicht. Außerdem bekommt mir das Fortsein immer nur ein paar Wochen" (Erich Kästner, Brief an Ida Kästner vom 27.3.33). Im Juli 1945 schreibt Kästner: „Ewig kehrt die Frage wieder: `Warum sind Sie nicht emigriert, sondern in Deutschland geblieben?´ Dem, der es nicht versteht, kann man´s nicht erklären" (Erich Kästner, Der tägliche Kram. Chansons und Prosa 1945-1948, in: Erich Kästner Werke, II, 17-185, Zitat auf 11). Stefan Heym schreibt dazu: „Macht Kästner sich etwas vor? Sieht er nicht, was da auf ihn zukommt? Glaubt er, man wird ihn verschonen, weil er zufällig kein Jude ist?... Oder, häßlicher Gedanke, den man besser von sich weist, meint Kästner etwa, auch er könne mit einem bißchen Kulanz, einem bißchen Anpassung, überwintern?" (Stefan Heym, Nachruf, München 1988, 70).

[216] Einen Roman über den Nationalsozialismus hat Kästner nie geschrieben, Tagebuch jedoch seit 1941. Es bleibt die Frage offen, um die es oft ging und die Rudolf W. Leonhardt, der 1967 das Buch `Kästner für Erwachsene´ herausgab, einmal so formulierte: „Warum ist er, der doch alle Möglichkeiten, gute Beziehungen und genug Geld hatte, ins Ausland zu gehen, freiwillig in Nazideutschland geblieben?" (Rudolf Walter Leonhardt, Mein Kästner. Erinnerungen an den Dichter und Freund zum 100. Geburtstag, in: DIE ZEIT Nr. 7 v. 11.2.1999, 65). Vgl. weiterführend Klaus Doderer, Erich Kästner. Lebensphasen – politisches Engagement – literarisches Wirken, Weinheim 2002. Am Ende seines Lebens beschlichen Kästner Zweifel, ob seine Entscheidung, in NS-Deutschland geblieben zu sein, richtig gewesen war, vgl. Sven Hanuschek, Erich Kästner, a. a. O., 133, Sven Hanuschek, Keiner blickt, a. a. O., 317, und Sven Hanuschek, Kästners Kriegstagebücher, in: Erich Kästner, Das Blaue Buch, a. a. O., 32ff. Vgl. dazu auch Klaus Kordon, Die Zeit ist kaputt, a. a. O., 162ff.

später bestimmt den Vorwurf der Feigheit machen würde; aus dem Gefühl der Verantwortung heraus wollte er in Deutschland bleiben, um dem totalitären NS-Regime die Stirne zu bieten. Auch argumentierte er damit, dass er, wie man sich denken kann, seine Mutter nicht allein lassen wollte.[217] Kästner schrieb: „Ich bin ein Deutscher aus Dresden in Sachsen./Mich läßt die Heimat nicht fort./Ich bin wie ein Baum, der – in Deutschland gewachsen – /wenn's sein muss, in Deutschland verdorrt."[218] Zu alledem kam hinzu: Wie viele Intellektuelle in Deutschland dachte er, der Spuk ginge bald vorüber und es würde wohl nicht so schlimm werden[219] – eine fatale Fehleinschät-

---

[217] Das Gedicht `Nachtgedanken´ von Heinrich Heine (1797-1856) kommt einem in den Sinn: „Nach Deutschland lechzt´ ich nicht so sehr,/Wenn nicht die Mutter dorten wär´; Das Vaterland wird nie verderben,/Jedoch die alte Frau kann sterben" (Heinrich Heine, Nachtgedanken, in: Heine. Gedichte, ausgewählt und eingeleitet von Ludwig Marcuse, Zürich 1977, 123f., Zitat auf 124). Sven Hanuschek schreibt, dass Kästner „alle Kompromisse – im Land zu bleiben und auch noch unter politischen Auflagen weiterzuschreiben – für seine Mutter eingegangen ist" (Sven Hanuschek, Keiner blickt, a. a. O., 229). Vgl. dazu auch Franz Josef Görtz/Hans Sarkowiecz, Erich Kästner, a. a. O., 170ff., die für Kästners Verbleiben in Nazi-Deutschland darin den „Hauptgrund" (173) sehen.

[218] Erich Kästner, Notwendige Antwort auf überflüssige Fragen, in: Erich Kästner Werke, I, 281. Das Gedicht ist Teil von Kästners Sammlung `Kurz und Bündig. Epigramme´. Vorarbeiten dazu gehen auf das Jahr 1943 zurück. Es erschien erstmals 1948 in Olten, dann im Atrium-Verlag in Zürich.

[219] Vgl. Sven Hanuschek, Kästners Kriegstagebücher: Eine Einführung, in: Erich Kästner, Das Blaue Buch. Geheimes Kriegstagebuch 1941-1945, hg. v. Sven Hanuschek in Zusammenarbeit mit Ulrich von Bülow und Silke Becker, Zürich 2018, 8, online zugänglich unter: https://www.amazon.de/gp/product/3855350191?ref=em_1p_1_ti&ref_=pe_4078791_382887701 (aufgerufen am 20.6.2019). Weil Kästners Kriegstagebuch, das er seit seinem ersten Eintrag stets bei sich trug, in einen blauen Leinenumschlag eingebunden war, kam es zu dem Titel. Allerdings nutzte Kästner es als Tagebuch wohl kaum, denn es klaffen große Lücken zwischen den Einträgen. Kästner machte sich sporadisch Notizen, es ging um Alltägliches, um Gerüchte, um Witze, Politik und Kriegsereignisse, immer auch gewürzt mit einer Prise Sarkasmus und Ironie. Kästner kritisierte die Brutalität und Verlogenheit der Nazi-

zung, denn es kam bekanntlich anders. Doch Zehntausende erkannten im Unterschied zu ihm die Zeichen der Zeit und verließen das Land in jenen Tagen, teils wegen ihrer religiösen, teils wegen ihrer politischen Überzeugungen. Sie flohen ins benachbarte Ausland oder gleich nach `overseas´. Kästners Bücher wurden mit denen anderer von den Nazis indizierten Autoren auf eine `schwarze Liste´ gesetzt und aus den öffentlichen Bibliotheken und Buchhandlungen entfernt. Seine Anträge auf Aufnahme in die `Reichsschrifttumskammer´[220], die ihm das Überleben als Schriftsteller im Deutschen Reich gesichert hätte, wurden wegen seiner politischen Haltung abgelehnt.[221] Die Nazis schlossen ihn aus dem `Schutzverband deutscher Schriftsteller´ aus und 1933 ließ die Gestapo seine Konten sperren.[222] Als er sich mit einem hinzugezogenen Rechtsanwalt Zugang zu seinem Geld verschaffen wollte, wurde er verhaftet und von der Gestapo in der gefürchteten Prinz-Albrecht-Straße, dem Hauptquartier der Gestapo,

---

Führung und litt zeitgleich mit der Zivilbevölkerung in der Heimat und den Soldaten an der Front mit. Das `Blaue Buch´ ist ein eindrückliches Zeitzeugnis, das einen weiteren Blick auf die Geschehnisse im nationalsozialistischen Deutschland aus einer ganz bestimmten Perspektive eines Schriftstellers seiner Zeit bietet.
[220] Zur nationalsozialistischen `Reichsschrifttumskammer´ vgl. weiterführend: https://de.wikipedia.org/wiki/Reichsschrifttumskammer (aufgerufen am 23.6.2019).
[221] Vgl. Sven Hanuschek, Keiner blickt, a. a. O., 213.
[222] Die Gestapo hatte den Deutschen Bankenverband aufgefordert, die Konten, Depots und Schließfächer von vierundvierzig größtenteils emigrierten Schriftstellerinnen und Schriftstellern, darunter Bertolt Brecht, Joseph Roth, Anna Seghers, Oskar Maria Graf, Hermann Kesten und Arnold Zweig, zu sperren. Sie war davon ausgegangen, dass auch Kästner nach Prag emigriert war und in Berlin nur sein Geld abheben wollte. Kästner überzeugte sie vom Gegenteil.

verhört.[223] Kurz darauf erhielt Kästner Publikationsverbot – er durfte in Deutschland nichts mehr publizieren. Dank eines geschickten Schachzugs seines Verlegers konnten seine Bücher jedoch in der Schweiz erscheinen und von dort aus nach Deutschland eingeführt werden.[224]
Hunger leiden musste Kästner also nicht. Im Gegenteil: Er hatte ein gutes Auskommen. In zwölf Jahren Nazi-Diktatur erschienen über 26 Übersetzungen seiner Bücher.[225] 1934 gelang es ihm noch, seinen Unterhaltungsroman `Drei Männer im Schnee´[226] zu veröffentlichen. Es folgten weitere heiter-harmlose Unterhaltungsromane wie `Die

---

[223] 1936 wurde Kästner zum zweiten Mal verhaftet und von der Gestapo verhört, vgl. Sven Hanuschek, Keiner blickt, a. a. O., 242.

[224] Kurt Leo Maschler (1898-1986), ein mit Kästner befreundeter Verleger, übernahm die Bücherrechte von Edith Jacobsohns Verlag Williams & Co. und veröffentlichte Kästners Bücher in seinem `Atrium Verlag´, den er 1935 in Basel gegründet hatte. 1976 verkaufte Maschler, der als Jude nach London emigriert war, den Verlag an die Verlagsgruppe Friedrich Oetinger in Hamburg, in dem bereits berühmte Kinder- und Jugendbücher erschienen waren (z.B. das Gesamtwerk Astrid Lindgrens): https://www.w1-media.de/produkte?verlag=atrium (aufgerufen am 14.6.2019).

[225] Übersetzungen von Kästners Werken erschienen nach 1936 u. a. in London, New York, Paris, Stockholm, Kopenhagen, Warschau, Sofia, Dublin, Tel Aviv, Tokio, Lissabon, Bukarest, Barcelona, Prag, Mailand, Budapest und Oslo.

[226] Vgl. Erich Kästner, Drei Männer im Schnee. Eine Erzählung, Zürich 1934 (auch Erich Kästner Werke, IV, 7-180). Der Roman wurde mehrfach verfilmt und erschien auch als Hörbuch (zu hören auf YouTube: https://www.youtube.com/watch?v=b-UfTx5Q-mU, aufgerufen am 21.6.2019). Kästner brachte den Stoff, eine liebenswürdige Verwechselungskomödie mit Sprachwitz und Ironie, 1934 unter seinem Pseudonym Robert Neuner und dem Titel `Das lebenslängliche Kind´ als Komödie in vier Akten heraus. Schon im selben Jahr wurde die Bühnenverarbeitung reichsweit von 42 Bühnen angenommen. Noch 1940/41, als Kästner schon lange im Reich verboten war, war das Stück ein Kassenschlager in Berlin, Hamburg, Frankfurt, Bremen und München. 1955 wirkte Kästner selbst an der werkgetreuen Verfilmung durch Kurt Hoffmann (1910-2001), dessen bekanntester Film in der NS-Zeit `Quax, der Bruchpilot´ (1941) mit Heinz Rühmann in der Hauptrolle gewesen war, mit, indem er das Drehbuch schrieb und einige Kommentare aus dem Off sprach (hier ein Ausschnitt zu sehen: https://www.youtube.com/watch?v=WUvYD_FstNM, aufgerufen am 12.6.2019); vgl. weiterführend Ingo Tornow, Erich Kästner, a. a. O., 82-91, und dagegen die Sicht von Sven Hanuschek, Keiner blickt, a. a. O., 249-266, bes. 256.

verschwundene Miniatur´[227] oder auch `Der kleine Grenzverkehr´[228]. Die in ihren Entscheidungen nicht ganz konsequente NS-Kulturbürokratie verhängte, vermutlich dank Kästners Kontakten zu einflussreichen Freunden, kein generelles Schreibverbot für ihn; er durfte unter Pseudonym weiterschreiben. Dafür unterließ er bis 1945 alle zeitkritischen Bezüge in seiner Prosa und Lyrik. Sein einziges Ziel war es: die Zeit der NS-Herrschaft unbeschadet zu überstehen! Mehr noch: Unter dem Pseudonym[229] `Berthold Bürger´ scheute sich Kästner nicht, im Auftrag des

---

[227] Vgl. Erich Kästner, Die verschwundene Miniatur, in: Erich Kästner Werke, IV, 181-350. Das Buch „ist eine schöne Hommage an Kästners Lieblingsonkel Hugo Augustin, der ein recht empfindsamer Fleischermeister gewesen sein muß; im übrigen schildert der Roman einen wenig gefährlich klingenden Kriminalfall" (Sven Hanuschek, Keiner blickt, a. a. O., 229f.).

[228] Vgl. Erich Kästner, Der kleine Grenzverkehr, in: Erich Kästner Werke, IV, 351-430. 1943 kam der Spielfilm mit Hertha Feiler und Willy Fritsch in die Kinos (Herstellungsgruppe [!] Eberhard Schmidt, Spielleitung [!] Hans Deppe), hier ausschnittsweise zu sehen: https://www.youtube.com/watch?v=loMWQ2x03tM (aufgerufen am 8.6.2019). Kästners Name tauchte im Abspann nicht auf. Nach dem Buch entstand 1956 in einer Neuverfilmung mit Verweis auf Kästner der Film `Salzburger Geschichten´ mit Marianne Koch (geb. 1931), Paul Hubschmid (1917-2002), Liesl Karlstadt (1892-1960) u. a. (Regie: Kurt Hoffmann, Drehbuch: Erich Kästner): https://www.youtube.com/watch?v=V1yqZGZX0vw (aufgerufen am 15.6.2019).

[229] Der Fakt, dass Kästner unter Pseudonym veröffentlichte, ist an sich nichts Neues, vgl. Stefan Neuhaus, Das verschwiegene Werk. Erich Kästners Mitarbeit an Theaterstücken unter Pseudonym, Würzburg 2000. Der Germanist Neuhaus hat in seiner Studie nachgewiesen, dass der Nazi-Gegner Erich Kästner im NS-Staat viele Kompromisse gemacht hat und damit ein gutes Auskommen in Hitlers Kulturindustrie hatte. Johann Zonneveld hat einmal alle Pseudonyme und Kürzel aufgezählt, die Kästner verwendet hat, vgl. Johan Zonneveld, Bibliographie Erich Kästner, Bde. I, 47-60.

'Reichsministeriums für Volksaufklärung und Propaganda'[230] und sowohl mit Kenntnis von Reichspropagandaminister Goebbels[231] als auch mit Zusage des 'Reichsfilmdramaturgen' Fritz Hipple[232], das Drehbuch zu dem kommerziell erfolgreichen Ufa-Film 'Münchhausen'[233] zu

---

[230] Dieses NS-Ministerium, kurz nach der Machtübernahme der Nazis geschaffen, steuerte unter der Leitung von Goebbels die Presse, die Literatur, die Bildende Kunst, den Film, das Theater, die Musik und den Rundfunk. Über die ebenfalls 1933 geschaffene 'Reichskulturkammer' kontrollierte es die Massenmedien und alle Künstlerinnen und Künstler.

[231] Der vom rheinischen Katholizismus geprägte, aus einfachen Verhältnissen stammende Reichstagsabgeordnete Dr. phil. Joseph Goebbels (1897-1945) trug seit 1930 als 'Reichspropagandaleiter' zum Aufstieg der NSDAP bei. Der enge Vertraute Hitlers, 'Reichsminister für Volksaufklärung und Propaganda' und Präsident der 'Reichskulturkammer', wegen seiner sexuellen Vorliebe für junge Schauspielerinnen auch als 'Bock von Babelsberg' im Volk verspottet, beeinflusste von 1933 bis 1945 die Kulturpolitik in NS-Deutschland entscheidend. Für seinen Ehrgeiz bekannt und wegen seiner Demagogie gefürchtet, trug der kalte Zyniker durch seine antisemitische Propaganda und Pogrome 1938 die Mitschuld für die Deportation und Ermordung der europäischen Juden. Er entzog sich seiner Verantwortung wie Hitler, Göring und Bormann durch Suizid, nachdem er auch seine sechs Kinder vergiften ließ. Zur Sondergenehmigung für Kästner vgl. Franz Josef Görtz/Hans Sarkowicz, Erich Kästner, a. a. O., 230f.

[232] Der nationalsozialistische deutsche Filmpolitiker Fritz Hippler (1909-2002) produzierte u. a. den niederträchtigen antisemitischen Hetzfilm 'Der ewige Jude' (1940).

[233] Vgl. Erich Kästner, Münchhausen, in: Erich Kästner Werke, V, 45-324. Kästner hat das Drehbuch für diesen abendfüllenden Farbfilm von 1943 unter dem Pseudonym Berthold Bürger in Neubabelsberg geschrieben. Der verschwurbelte Vorläufer eines Fantasy-Films, der am 5. März 1943 vor 2000 Gästen im Berliner Ufa-Palast Premiere hatte, erzählt das Leben des Lügenbarons Hieronymus von Münchhausen (1720-1797) aus Bodenwerder. Die Regie führte Josef von Báky (1902-1966). Hans Albers spielte die Titelrolle als Baron Münchhausen, seine Schauspielerkolleginnen und -kollegen gehörten zu den größten Kapazitäten ihrer Zeit. Der Film wurde aus Anlass des 25-jährigen Bestehens der UfA-Filmstudios von Joseph Goebbels – in Kästners Worten: „Der kleine hinkende Teufel, ... dieser mißratende Mensch und mißglückte Schriftsteller..." (Erich Kästner Werke, VI, 641) – in Auftrag gegeben, der Kästner dafür eine Sondergenehmigung erteilt hatte, die allerdings noch vor der Uraufführung am 3. März 1943 vom Präsidenten der Reichsschrifttumskammer widerrufen wurde. Der Jubiläumsfilm mit den – gemessen an den technischen Möglichkeiten seiner Zeit – spektakulären Spezialeffekten feierte in den Babelsberger Tonstudios Premiere und war einer der teuersten und erfolgreichsten Filme der Nazis, vgl. weiterführend Ingo Tornow, Erich Kästner, a. a. O., 22-28. Aus dem Münchhausen-Film stammt übrigens das Zitat, das der Biographie Klaus Kordons ihren Titel gab: 'Die Zeit ist kaputt'. Zum Film vgl. kritisch Sven Hanuschek, Keiner blickt, a. a. O., 294-304, bes. 303f. Das Honorar für 'Münchhausen' in Höhe von 115000 Reichsmark investierte Kästner in Immobilien im Osten, die der Familie während der DDR-Jahre und bis nach 1989 erhalten blieben.

schreiben. Denn mangels geeigneter Drehbuchautoren für diesen Jubiläumsfilm hatte man sich im Propagandaministerium an Erich Kästner erinnert. Es wurde ein sehr teurer Film, allerdings ohne Antisemitismus, völkisch-jubelnde Massen und Kriegsverherrlichung. Harmlos daherkommend, sollte der Film die deutsche Bevölkerung vom Krieg ablenken und ihr ein positives Lebensgefühl vermitteln, mit dem Ziel, ihr Durchhaltevermögen und ihre Opferbereitschaft zu stärken: Wenn es dem Regime möglich war, mitten im Krieg einen solchen Rokkoko-Farbfilm zu drehen, dann könnte Deutschland theoretisch auch die Möglichkeit haben, den Krieg noch zu gewinnen – so die Suggestion des Films. Ganz konkret sollte der Film den Mythos von der Leistungsstärke der deutschen Filmindustrie demonstrieren und insbesondere von der Niederlage der Wehrmacht in Stalingrad ablenken. Kästners Pseudonym Berthold Bürger wurde aber aus dem Vorspann gestrichen – nichts deutete auf die Autorschaft von Erich Kästner hin. Nachdem Hitler erfahren hatte, wer in Wirklichkeit der Verfasser des Drehbuchs zu dem Film war, bekam er einen Wutanfall, ließ die Sondergenehmigung für Kästner widerrufen und erließ ein totales Publikationsverbot gegen ihn (das später gerahmt bei Kästner an der Wand hing). Ab 1943 hieß es für Kästner, von der Substanz zu leben, vom Ersparten, von Geld, das er sich von Freundinnen und Freunden lieh.[234]

---

[234] Vgl. das Interview mit Sven Hanuschek, in den Dresdner Nachrichten v. 27.3.2018, online zugänglich unter: https://www.dnn.de/Nachrichten/Kultur/Kultur-Weltweit/Was-

Erich Kästner erlebte in Berlin mit, wie die Nazis mit ihren politischen Gegnern und mit den Juden umgingen. Ihm bekannte Rundfunkintendanten und Journalistenkollegen wurden in ´Schutzhaft´ genommen, in KZs deportiert, verschwanden spurlos oder wurden umgebracht. Aber Kästner emigrierte nicht. Er ging in die sog. ´innere Emigration´[235]. Schon seit 1933 war er publizistisch ausgeschaltet; Texte von ihm wurden von den Zeitungen, wenn überhaupt, nur unter Pseudonym gedruckt. 1935 und 1936 wurden seine Bücher von der ´Reichsschrifttumskammer´ auf die Liste ´schädlichen und unerwünschten Schrifttums´ gesetzt und die Restbestände seiner Bücher, darunter auch sein ´Emil´, im Verlag von der Gestapo beschlagnahmt. Darunter befanden sich auch alle Bücher, in denen – wie üblich etwa auf Schutzumschlägen – für Kästner nur geworben wurde. Kabaretts, für die Kästner Texte geliefert hatte, wurden geschlossen, erste Kabarettisten kamen ins KZ. 1936 war Kästner zu einem in Deutschland verbotenen Autor geworden. Seine Bücher lagen nicht mehr in den Schaufenstern aus und wurden auch nicht mehr unter der Ladentheke schwarz gehandelt. Die Nazis sahen in

---

trieb-und-dachte-Erich-Kaestner-im-Dritten-Reich (aufgerufen am 20.6.2019). Kästner „hat bis 1943 ausgezeichnet verdient und hatte so hohe Ersparnisse, daß ihm auch die einkommensschwachen Jahre 1943 und 1944 nichts anhaben konnten" (https://www.faz.net/aktuell/feuilleton/buecher/rezension-sachbuch-zu-glatt-und-zu-schlau-11321008.html?printPagedArticle=true#pageIndex_2, aufgerufen am 29.6.2019). Vgl. dazu auch Sven Hanuschek, Kästners Kriegstagebücher, in: Erich Kästner, Das Blaue Buch, a. a. O., 8.

[235] Kästner merkte mehrfach an, wie er Widerstand im Kleinen geleistet hätte, etwa, als er im Berliner Sportpalast während einer Amateurboxmeisterschaft *nicht* den Arm zum Hitler-Gruß hob oder das Horst-Wessel-Lied mitsang.

ihm einen `kulturbolschewistischen Zersetzungsliteraten´, einen `Kulturbolschewisten übelster Sorte´. Alfred-Ingemar Berndt[236], Leiter der Schrifttumsabteilung im NS-Propagandaministerium, teilte Kästners Anwalt mit: „Es ist wohl kaum Schlimmeres in deutscher Sprache an Zersetzendem geschrieben worden, als die Hunderte von pornographischen Gedichte Kästners über die Abtreibung, die Homo-Sexualität und alle sonstigen Verirrungen. Kästner kann von Glück sagen, daß man im Jahre 1933 aus irgendeinem Grunde vergessen hat, ihn auf eine Reihe von Jahren in ein Konzentrationslager zu sperren und ihm so Gelegenheit zu geben, durch seiner Hände Arbeit sich sein Leben zu verdienen. Wer in einer solchen Weise wie Kästner vor 1933 literarisch hervorgetreten ist, hat ein für alle mal das Recht verwirkt, noch jemals in deutscher Sprache zu schreiben."[237]

Doch das NS-Regime ließ Kästner weitgehend unbehelligt. Die folgenden Jahre verliefen für Kästner ruhiger als die hinter ihm Liegenden. Elfriede Mechnig hatte so wenig zu tun, dass sie sich zwischenzeitlich einen anderen Job suchen musste. Um ihr die Einberufung in die Rüstungsindustrie zu ersparen, meldete Kästner sie kurzerhand als

---

[236] Der Journalist Alfred-Ingemar Berndt (1905-1945) war ein Nazi der ersten Stunde und ein enger Mitarbeiter von NS-Propagandaminister Joseph Goebbels. Auf dessen persönlichen Wunsch hin wurde er der Leiter der Abteilung Schrifttum, die u. a. für die Zensur der Literatur und die ideologische Überwachung von Schriftstellern zuständig war. Er gilt als Erfinder des `Wüstenfuchs´-Mythos um Generalfeldmarschall Erwin Rommel (1891-1944) und war persönlich an Lynchmorden gefangener alliierter Piloten beteiligt.

[237] Alfred-Ingemar Berndt, zit. nach Sven Hanuschek, Keiner blickt, a. a. O., 235f. Vgl. dazu auch Franz Josef Görtz/Hans Sarkowicz, Erich Kästner, a. a. O., 222.

seine Putzfrau an. Darüber hinaus erledigte sie für Kästner die ganz alltäglichen Sachen, kaufte ein und kochte. Kästner las in dieser Zeit mehr, als dass er schrieb. Er lenkte sich ab mit Tennis, machte Urlaub, u. a. in Garmisch-Partenkirchen und im Tessin, spielte Roulette oder sah sich die Deutschen Wintersportmeisterschaften an.[238] Seine Mitwirkung an Büchern und Theaterstücken und seine Veröffentlichungen unter Pseudonym in dieser Zeit dürfen aber nicht unterschätzt werden. Im Wesentlichen jedoch hatte sich Kästner mit den neuen Machthabern längst arrangiert. Von einem aktiven Widerstand gegen die Nazis war er weit entfernt. Zu seinen Freunden kamen jetzt u. a. Victor de Kowa[239], Gustav Knuth[240], Wolfgang Harich[241],

---

[238] Während Kästner im Allgemeinen eher ironisch-distanziert blieb, war er beim Sport begeistert und engagiert. Mehrfach besuchte er beispielsweise die Olympischen Spiele in Berlin, das große Propagandaspektakel des Jahres 1936. Er liebte den Winter und die Winterurlaube während der Karnevalszeit. Mit Vorliebe war er zu Gast in Grandhotels (allein im Grandhotel Kitzbühel wohnte er von 1926 bis 1933 fünfmal).

[239] Victor de Kowa (1904-1973) war ein deutscher Theater- und Filmschauspieler, Chansonnier, Regisseur, Erzähler und Komödiendichter. Den Nationalsozialismus unterstützend, wurde er in die sog. `Gottbegnadetenliste´ des NS-Regimes aufgenommen, wodurch er nicht eingezogen wurde. Nach 1945 war er u. a. Intendant der `Berliner Tribüne´ und des `Wiener Burgtheaters´ sowie Bundesvorstandsmitglied des Deutschen Gewerkschaftsbundes.

[240] Der aus Braunschweig stammende populäre Schauspieler Gustav Knuth (1901-1987) war im Nationalsozialismus am Deutschen Schauspielhaus in Hamburg von 1933 bis 1936 beschäftigt, von 1936 bis 1945 spielte er am Preußischen Staatstheater. Nach dem Krieg wurde er von der britischen Militärregierung als Repräsentant der Kulturschaffenden in die `Ernannte Bürgerschaft Hamburgs´ berufen. In Zürich spielte er zusammen mit Therese Giehse (1898-1975); Friedrich Dürrenmatt (1921-1990) schrieb für ihn die Rolle des Wissenschaftlers Beutler in seinem Theaterstück `Die Physiker´. Knuth nahm nach 1945 die schweizerische Staatsbürgerschaft an.

[241] Der Philosoph und Journalist Wolfgang Harich (1923-1995) war einer der widersprüchlichsten Intellektuellen der DDR. Er war verheiratet mit der Schauspielerin und Dramaturgin Isot Kilian (1924-1986) und lebte danach mit der Brecht-Interpretin Gisela May (1924-2016) zusammen.

Erik Ode[242] und Eberhard Keindorff[243] hinzu. Im Sommer 1937 fuhr Kästner zu seinem Freund Walter Trier nach Salzburg; drei Wochen lang dachten die beiden ein neues Buchprojekt an. Kästner durfte allerdings kein deutsches Geld ausführen, und so blieb ihm nichts Anderes übrig, als in Bad Reichenhall im Kurhaus und Grand Hotel Axelmannstein zu wohnen und im sog. `Kleinen Grenzverkehr´ täglich hin- und her zu pendeln. In Salzburg traf sich Kästner auch mit Walter Mehring und Ödön von Horváth[244]. Kästners neuer Kurzroman erschien 1938 unter dem Titel `Georg und die Zwischenfälle´ und wurde nach dem Krieg in `Der kleine Grenzverkehr´[245] (1949) umbenannt. Inzwischen waren die Kriegsvorbereitungen des `Dritten Reiches´ unübersehbar geworden und auch Kästner musste die Musterung über sich ergehen lassen; zu seiner Beruhigung wurde er ausgemustert. 1938 reiste er zu Walter

---

[242] Der deutsche Schauspieler, Regisseur und Synchronsprecher Erik Ode (1910-1983) wurde bekannt durch seine Rolle in der Fernsehserie `Der Kommissar´, die von 1968-1975 im Zweiten Deutschen Fernsehen ausgestrahlt wurde.

[243] Eberhard Keindorff (1902-1974) war ein deutscher Theaterschauspieler, der ab 1937 auch Drehbücher schrieb und als Regisseur und Bühnenautor wirkte. Zusammen mit seiner Ehefrau Johanna Siberlius (1913-1970) schrieb er nach dem Krieg vor allem Filmkomödien, Historien- und Familienfilme – gutbürgerliche Unterhaltung.

[244] Der auf Deutsch schreibende ungarische Schriftsteller Ödön von Horváth (1901-1938), 1929 aus der katholischen Kirche ausgetreten, warnte in seinen Veröffentlichungen vor dem aufkommenden Faschismus. Sein bekanntes Buch `Jugend ohne Gott´, das 1937 in Amsterdam erschien, kurz nach Erscheinen in acht Sprachen übersetzt, wurde bereits ein Jahr später auf den Index der Nazis gesetzt und reichsweit eingezogen. Als er über die Verfilmung seines Romans sprechen wollte, wurde er auf den Champs-Élysées während eines Gewitters von einem herabstürzenden Ast erschlagen. Horváth gilt heute als sozialkritischer `Klassiker der Moderne´.

[245] Vgl. weiterführend online https://de.wikipedia.org/wiki/Der_kleine_Grenzverkehr (aufgerufen am 23.7.2019).

Trier nach London, um dessen farbige Illustrationen zu seiner Nacherzählung `Till Eulenspiegel´[246] anzuschauen. In der Nacht vom 9. auf den 10. November 1938 wurde Kästner Zeuge des Pogroms gegen die deutschen Juden, der sog. `Reichskristallnacht´[247]. Kurz darauf fand eine bis dahin noch nie dagewesene Emigration, ein noch nie gekannter Massenexodus deutscher Schriftsteller, Literaten, Künstler, Journalisten, Ärzte, Schauspieler und Juristen statt.[248] Sie waren auf der Flucht vor den Nazis und ihrer berüchtigten Gestapo – zunächst nach Belgien[249], dann in die Niederlande[250] und nach Prag, auch nach Südfrankreich[251], schließlich über Spanien und Portugal in die USA

---

[246] Dem mittelalterlichen Narren, der seinen Zeitgenossinnen und -genossen einen Spiegel vorhielt und die Dummheit, die Bosheit und die Trägheit anprangerte, fühlte sich der Satiriker Kästner innerlich verwandt. Dieses Buch blieb das letzte Buch Kästners, das in der NS-Zeit entstand.

[247] Vgl. seine Beschreibung `Die Nacht der Scherben´, in: Rudolf Wolff (Hg.), Erich Kästner, a. a. O., 93-95. Die von den Nazis organisierten gewaltsamen Ausschreitungen gegen deutsche Juden waren in Wirklichkeit ein Pogrom. Deshalb hat sich heute für die Bezeichnung des Ereignisses der Begriff `Reichspogromnacht´ durchgesetzt.

[248] Vgl. dazu auch das interessante Buch von Heinz Wewer, „Abgereist, ohne Angabe der Adresse". Postalische Zeugnisse zu Verfolgung und Terror im Nationalsozialismus, Berlin 2017. Sein Titel nimmt Bezug auf den postalischen Klebezettel, mit dem die Postsendungen versehen wurden, ehe die Reichspost sie an ihre Absender außerhalb Deutschlands zurückschickte. In Wahrheit waren die meisten jüdischen Adressaten nicht `abgereist´, sondern vertrieben oder ermordet worden. `Abgereist´ wurde zur Metapher für das Verschwinden der Juden aus Deutschland. Im Januar 1943 wurde der Zettel von der Gestapo verboten, nachdem sich seine Bedeutung herumgesprochen hatte. Der Autor hat über 300 postalische Dokumente der Alltagskultur zusammengetragen und den verschiedenen Phasen des Terrors und der Verfolgung im NS-Regime zugeordnet.

[249] Vgl. weiterführend Veit Johannes Schmidinger, Transit Belgien. Deutsche und österreichische Künstler im Exil 1933-1945 (edition monacensia), München 2017.

[250] Vgl. Veit J. Schmidinger/Wilfried F. Schoeller, Transit Amsterdam. Deutsche Künstler im Exil 1933-1945 (edition monacensia), München 2007, bes. 17ff., 20-27 und 244-250.

[251] Beliebt war unter den deutschen Flüchtlingen zunächst die Côte d´Azur, besonders Sanary-sur-mer, vgl. weiterführend Ulrike Voswinckel/Frank Berninger (Hg.), Exil am Mittelmeer. Deutsche Schriftsteller in Südfrankreich von 1933-1941, München 2005,

und nach Südamerika oder in die entgegengesetzte Richtung, nach China, Australien und ins entlegene Südafrika[252]. Die Gefangennahme hätte für die Emigrantinnen und Emigranten den sicheren Tod bedeutet: Folter, Deportation in ein KZ, Ermordung. Sie taten darum alles, um dem nationalsozialistischen Terrorsystem zu entgehen – notfalls sogar dadurch, dass sie sich selbst entleibten.[253] Denn überall in Europa, das Hitlers Truppen und seine Schergen nach und nach eroberten, brachten die Nazis „den Galgen und den Pranger mit. Man erschoß, sperrte ein oder diffamierte jene, die der Freiheit zuliebe Kritik übten und dazu mutig und fähig genug waren. Das galt für Politiker und Künstler gleichermaßen."[254]

Ein knappes Jahr später dann, am 1. September 1939, brach der Zweite Weltkrieg aus. Mit dem deutschen Überfall auf Polen begann ein Krieg, der binnen kurzem die ganze Welt erfasste, zunächst in Europa wütete und sich dann weltweit ausdehnte. Polen, Frankreich, Norwegen, Dänemark, der Balkan wurden von der deutschen Wehrmacht in kurzer Zeit überrollt. Während sich die Nazis auf

---

[2]2008, 23f. und 59f. sowie bes. 61-96 (Lit. auf 270-277). Später setzte dann auch aus Frankreich eine Massenemigration ein und es wurden `Fluchtwege aus Marseille´ (vgl. 218-221) gefunden.

[252] Vgl. dazu Frieda Sichel, From Refugee to Citizen. A Sociological Study of the immigrants from Hitler-Europe who settled in Southern Africa (Ph. D.), Cape Town/Amsterdam 1966, bes. 13-37.

[253] Ein berühmtes Beispiel ist der österreichisch-jüdische Schriftsteller Stefan Zweig (1881-1942), der 1934 über England und die USA nach Brasilien floh und in Petropolis, ca. 50 km von Rio de Janeiro entfernt, Zuflucht fand. Dort setzte er seinem Leben mit einer Überdosis Veronal ein Ende; seine Frau Lotte folgte ihm in den Tod. Heute befindet sich in Zweigs letztem Wohnhaus die `Casa Stefan Zweig´.

[254] Luiselotte Enderle, Erich Kästner, a. a. O., 71.

dem Höhepunkt ihrer Macht befanden, war Kästner damals auf dem Tiefpunkt angekommen. Noch dazu, weil es für ihn zu einem großen Unglück im Privaten gekommen war: Seine Freundin, die unkonventionelle Schauspielerin und Kinderbuchautorin Herti Kirchner, mit der der 34jährige Autor von 1933 bis zu ihrem Tod ein Verhältnis hatte, kam Mitte 1939 durch einen selbstverschuldeten Autounfall ums Leben. Alkoholisiert war sie nachts in Berlin auf zwei parkende Autos aufgefahren, wobei ihr Wagen umgeschlagen war. Sie erlag ihren schweren Verletzungen kurz darauf im Krankenhaus, nur 25 Jahre alt.[255] Der schockierte Kästner musste die furchtbar entstellte Leiche identifizieren. Für den Rest seines Lebens vermied Kästner, sich selbst hinters Steuer zu setzen, und fuhr stattdessen lieber Taxi. Währenddessen starben die Soldaten an der Front; die Nazis versuchten, das jüdische Volk auszurotten, in den Konzentrationslagern wurde gefangen gehalten, gefoltert und gemordet.

Nach einer Zeit voller Resignation und Trauer – bis 1943 schickte er Geld für Grabschmuck an die Hinterbliebenen

---

[255] Es wird vermutet, dass die weibliche Hauptfigur von Kästners `Der kleine Grenzverkehr´ teilweise die Züge von Herti Kirchner, gen. Nauke (1913-1939), trägt. Die aus Kiel stammende blonde Schauspielerin publizierte auch zwei Kinderbücher, `Lütte´ (1937) und `Wer will unter die Indianer´ (1938), vgl. http://www.gata-verlag.de/prob52.html (aufgerufen am 20.7.2019), die vom NS-Lehrerbund auf den Index der für deutsche Schulkinder ungeeigneten Bücher gesetzt wurden. In der Kästner-Forschung gibt es die Vermutung, dass Cara Gyls Stück `Die Tournee´ und auch die beiden Kinderbücher von Herti Kirchner von Kästner stammen oder zumindest stark von ihm beeinflusst sein könnten, vgl. http://www.gata-verlag.de/prob52.html (aufgerufen am 21.7.2019). Vgl. dazu weiterführend den spannenden Blog von Birgit Ebbert, die sich auf die Spuren von Herti Kirchner begeben hat: http://www.birgit-ebbert-blog.de/?s=herti+kirchner (aufgerufen am 21.7.2019).

Herti Kirchners – trat Luiselotte Enderle in Kästners Leben. Er kannte sie von früher, aus seiner Leipziger Zeit. Sie war 1937 von ihrer Leipziger Zeitschrift nach Berlin versetzt worden und arbeitete seit einiger Zeit als Dramaturgin bei der Ufa. Von nun an wich sie nicht mehr von seiner Seite. Im Sommer 1940 gingen beide zusammen in Urlaub, nach Österreich, in die Nähe von Salzburg, nach Zell am See, Kärnten und an den Wörthersee. Bald darauf geriet Kästner in finanzielle Schwierigkeiten.[256]

Es war nun nicht so, dass sich Kästner nicht mehr für die politischen Geschehnisse interessierte, im Gegenteil: Er beobachtete die Entwicklungen um ihn herum aufmerksam. Heimlich legte er 1941 ein Kriegstagebuch an, wegen der Zensur vorsichtshalber in Gabelsberger Kurzschrift. Er führte es 1941, 1943 und am ausführlichsten 1945 – weshalb es unter dem Titel `Notabene 45´[257] veröffentlicht wurde. Das Buch befand sich im Nachlass des Autors und konnte aus der Stenographie transkribiert werden. Darin gab Kästner ganz persönliche Einblicke in sei-

---

[256] Zu seinen Einnahmen aus dieser Zeit vgl. Sven Hanuschek, Keiner blickt, a. a. O., 269 und 277.
[257] Vgl. Erich Kästner, Notabene 45. Ein Tagebuch, in: Erich Kästner Werke, VI, 301-480. Eine Rezension erschien nach der Publikation 1961 im Nachrichtenmagazin `DER SPIEGEL´: https://www.spiegel.de/spiegel/print/d-43365743.html (aufgerufen am 20.6.2019). 2006 kam das von Kästner wegen seines Einbands genannte `Blaue Buch´ als Doppelband 111/112 des `Marbacher Magazins´ in seiner ursprünglichen Fassung heraus; 2012 erschien es im Atrium-Verlag neu, vgl. Erich Kästner, Notabene 45. Ein Tagebuch, Zürich 2012. 2017 kam das Buch erneut heraus (vgl. Erich Kästner, Notabene 45. Ein Tagebuch, Zürich 2017) und erfuhr im Jahr darauf noch einmal eine Bearbeitung und Kommentierung, vgl. Erich Kästner, Das Blaue Buch. Geheimes Kriegstagebuch 1941-1945, hg. v. Sven Hanuschek in Zusammenarbeit mit Ulrich von Bülow und Silke Becker, Zürich 2018.

nen Alltag im Nationalsozialismus: Er erzählte von Begebenheiten, ging auf Gerüchte ein, sammelte Flüsterwitze, hielt den herrschenden Mangel an Nahrungsmitteln fest und kommentierte ironisch den alltäglichen Wahnsinn der Bürokratie im untergehenden NS-Staat. Außerdem beschrieb er wie ein Kriegsberichterstatter den Kriegsverlauf. Denn der Krieg war auch für Kästner langsam spürbar geworden. Die Nahrungsmittel waren knapper geworden. Kästner kam immer schwerer an ausländische Guthaben heran. Und er erhielt auch keine Aufträge mehr, sondern schrieb für die Schublade. 1941 machte dem Nikotinabhängigen die Rationierung von sechs Zigaretten täglich zu schaffen. Zu alledem wurde er auch noch bestohlen. Gerüchte darüber, was mit Juden im Osten des Reiches geschah, drangen an sein Ohr.[258] Er hielt die Verbrechensmeldungen in seinem Tagebuch fest, aber ohne sie richtig

---

[258] Vgl. dazu später Erich Kästner, Was in den Konzentrationslagern geschah, in: Rudolf Wolff (Hg.), Erich Kästner, a. a. O., 98-100, Zitat auf 98f.: „Was in den Lagern geschah, ist so fürchterlich, daß man darüber nicht schweigen darf und nicht sprechen kann. Ich entsinne mich, dass Statistiker ausgerechnet haben, wieviel der Mensch wert ist. Auch der Mensch besteht ja bekanntlich aus chemischen Stoffen, also aus Wasser, Kalk, Phosphor, Eisen und so weiter. Man hat diese Bestandteile sortiert, gewogen und berechnet. Der Mensch ist, ich glaube, 1,87 RM wert. Falls Shakespeare klein und nicht sehr dick gewesen sein sollte, hätte er vielleicht nur 1,78 RM gekostet... (…) Und so wurden in diesen Lagern die Opfer nicht nur ermordet, sondern auch bis zum letzten Gran und Gramm wirtschaftlich `erfasst´. Die Knochen wurden gemahlen und als Düngemittel in den Handel gebracht. Sogar Seife wurde gekocht. Das Haar der toten Frauen wurde in Säcke gestopft, verfrachtet und zu Geld gemacht. Die goldenen Plomben, Zahnkronen und -brücken wurden aus den Kiefern herausgebrochen und, eingeschmolzen, der Reichsbank zugeführt. Ich habe einen ehemaligen Häftling gesprochen, der im `zahnärztlichen Laboratorium´ eines solchen Lagers beschäftigt war. Er hat mir seine Tätigkeit anschaulich geschildert. Die Ringe und Uhren wurden fässerweise gesammelt und versilbert. Die Kleider kam in die Lumpenmühle. Die Schuhe wurden gestapelt und verkauft. (…) 1,87 RM pro Person. Und die Kleider und Goldklumpen und Ohrringe und Schuhe extra. Kleine Schuhe darunter. Sehr kleine Schuhe. In Theresienstadt, schrieb

einordnen zu können.[259] Auch den Widerstand der `Weißen Rose´ in München notierte er, hielt ihn allerdings für ein Gerücht. Der Bombenhagel, die alliierten Bombengewitter, setzten ihm persönlich zu.[260] Die Bombardierung Berlins überlebte Kästner zwar. Aber auch seine Wohnung war, wie gesagt, am 16. Februar 1944 von einer Fliegerbombe getroffen und komplett zerstört worden. Alles, was er hatte – sein Klavier, seine Möbel und das Silberbesteck, das ihm seine Mutter Jahr um Jahr als Teil seiner Aussteuer gekauft hatte – war dadurch vernichtet worden: „Dreitausend Bücher, acht Anzüge, einige Manuskripte, sämtliche Möbel, zwei Schreibmaschinen, Erinnerungen in jeder Größe und mancher Haarfarbe."[261] Einzig den Schlüssel zum Fahrstuhl, seine Schreibmaschine, seinen Regenschirm und den Koffer, den er permanent im Luftschutzbunker dabei hatte, konnte er retten.[262] Seither wechselte er oft die Wohnung und kam bei Freunden wie Edith und Erich Stückrath[263] in Neubabelsberg, Brigitte Horney[264] oder bei seiner Freundin Luiselotte Enderle in

---

mir neulich jemand, führten 30 Kinder mein Stück EMIL UND DIE DETEKTIVE auf. Von den 30 Kinder leben noch drei. Siebenundzwanzig Paar Kinderschuhe, die an Kunden verhökert werden. Auf dass nichts umkomme."
[259] Vgl. Sven Hanuschek, Kästners Kriegstagebücher, in: Erich Kästner, Das Blaue Buch, a. a. O., 12f.
[260] Vgl. Sven Hanuschek, Keiner blickt, a. a. O., 275.
[261] Erich Kästner, zit. nach Sven Hanuschek, Keiner blickt, a. a. O., 289.
[262] Vgl. Helga Bemmann, Erich Kästner, a. a. O., 119.
[263] Erich Stückrath war Herausgeber der `Spandauer Zeitung´ und arbeitete nach 1945 für das Bundeswirtschaftsministerium beim Bundesbeauftragten für die Förderung der Berliner Wirtschaft.
[264] Brigitte Horney (1911-1988) war eine bekannte deutsch-US-amerikanische Theater- und Filmschauspielerin und Hörspielsprecherin, die u. a. im `Münchhausen´-Film mitwirkte. Sie nahm nach dem Krieg die US-amerikanische Staatsbürgerschaft an. Ihr

der Sybelstraße 8 unter, nur ein paar Straßen von seiner zerstörten Wohnung entfernt. Inzwischen wurde die Situation in Berlin immer gefährlicher – auch im Zusammenhang des versuchten Tyrannenmordes am 20. Juli 1944. Zudem rückten russische Truppen heran, die Gestapo wütete und verhaftete reihenweise Leute, Strom wurde rationiert, Grundnahrungsmittel wie Brot, Butter und Käse ebenso. Kästner wurde am 5. April 1945 zum Volkssturm einberufen, das war eine Truppe Männer im Alter von 16 bis 60 Jahren, die aus irgendwelchen Gründen noch nicht zum Militär eingezogen worden waren und für Verschanzungsarbeiten und Sicherungsaufgaben eingesetzt wurden.[265] Kästner machte sich in dieser Zeit große Sorgen um seine Eltern in Dresden, das mit Flüchtlingen sowie Zwangsarbeiterinnen und Zwangsarbeitern vollgestopft war und in der Nacht vom 13. auf den 14. Februar 1945 im Feuersturm der alliierten Bomber komplett zerstört wurde. Er hatte die Eltern seit einem Jahr nicht gesehen, auch brieflichen Kontakt gab es keinen.[266] In Dresden gab es keinen Strom mehr, auch kein Wasser, und die Fensterscheiben waren zerborsten – das Haus mit der Wohnung der Eltern stand aber noch. Die russische Front näherte sich jetzt der deutschen Hauptstadt, von Westen drangen

---

Nachlass befindet sich in der Akademie der Künste in Berlin, ihr Grab im oberbayrischen Wielenbach-Wilzhofen.
[265] Vgl. Erich Kästner, Das Blaue Buch, a. a. O., 174.
[266] Auch für Ida Kästner war es schlimm, gegen Ende des Krieges kein Lebenszeichen von ihrem geliebten Erich erhalten zu haben. Ständig wurde sie von Ängsten geplagt, dass ihrem Sohn etwas zugestoßen sein könnte.

US-amerikanische Truppen vor: Der Kampf um Berlin begann! Während die Hauptstadt mehr und mehr in Schutt und Asche fiel, nahm Kästner die Gastfreundschaft eines befreundeten Textilkaufmanns in Ketzin, anderthalb Stunden von Berlin entfernt, in Anspruch. Am 7. März 1945 reiste Kästner unter dem Vorwand der Mitarbeit und mit entsprechend fingierten Papieren ausgestattet, nach Tirol. Er war Mitglied eines 60-köpfigen Filmteams der UfA[267], das das infernalische Berlin verließ. Es hatte vorgegeben, in Mayrhofen im Zillertal einen kriegswichtigen Spielfilm für den `Endsieg´ zu drehen. Der Bluff klappte. Ohne einen Meter Film in den Kassetten verließ der getarnte Lastwagentransport, die komplette Ausrüstung einer Spielfilmproduktion mit sich führend, die deutsche Hauptstadt, ohne einen Meter Film in den Kassetten taten die Schauspieler und der Produktionsstab so, als würden sie drehen! In Mayrhofen verbrachte Kästner – mit seiner Freundin Luiselotte Enderle, damals Dramaturgin bei der UfA, an seiner Seite – drei Monate und erlebte dort das Kriegsende.[268] Hitler hatte sich am 30. April 1945 erschossen,

---

[267] Die Leitung der Expedition aus dem brennenden Berlin hatte der Regisseur, Filmproduzent und Drehbuchautor Harald Braun (1901-1960). Der Sohn eines Berliner Pfarrers hatte promoviert, war Kaufmann geworden und dann Redakteur. 1932 arbeitete er beim Berliner Rundfunk, zunächst auf dem Hörspielsektor, dann Anfang der vierziger Jahre beim Film. Er drehte u. a. mit der deutsch-österreichischen Filmschauspielerin, Sängerin und Tänzerin Marika Rökk (1913-2004), die Hitler bewunderte, sich offen mit den Nazis arrangierte, in Propagandafilmen mitwirkte und voll vom NS-System profitierte. Nach 1945 wurde Braun Intendant der Heidelberger Kammerspiele, dann Hörspiel- und Filmregisseur in München, wo er auch starb und begraben wurde.

[268] Der Regisseur Heinrich Breloer (geb. 1942) drehte 1986 darüber einen Dokumentarfilm mit dem Titel `Das verlorene Gesicht´. Zwölf Jahre nach Kästners Tod interviewte er einige Zeitzeugen, darunter den Schauspieler Ulrich Haupt (1915-1991) und die

am 8. Mai unterschrieb Wilhelm Keitel[269] die Kapitulationsurkunde des `Dritten Reiches´. Der Krieg war aus. Viele Freundinnen und Freunde hatte Kästner in den letzten Jahren verloren. Sein Leben aber war nun gerettet.

V. Weiterleben in der Bundesrepublik Deutschland

1945, sog. `Stunde Null´: Nach der Befreiung Deutschlands von der Nazi-Diktatur wohnte Erich Kästner noch einen Monat lang bei Luiselottes Schwester in Schliersee und zog dann nach München. Dort, wo sich alle Kulturschaffenden trafen, die die Kriegswirren in den Süden Deutschlands verschlagen hatten und die versuchten, Literatur, Theater, Kunst und Kino wieder zum Leben zu erwecken, begann er nach zwölf Jahren Berufsverbot wieder zu schreiben. Nahtlos knüpfte er an seine Arbeit von vor 1933 an. Da sich Kästner, wie gesagt, in der sog. `inneren Emigration´ befunden und sich grundsätzlich nie positiv zur Politik der Nazis geäußert hatte, gab es keinen Anlass

---

Schauspielerin Hannelore Schroth (1922-1987) sowie Luiselotte Enderle. Er machte sogar Kästners Wirtin Viktoria Steiner ausfindig, die vor der Kamera ein Gedicht vorlas, das Kästner für seine Gastfamilie anlässlich des Kriegstodes des zweiten Sohnes geschrieben hatte. Vgl. dazu auch Sven Hanuschek, Kästners Kriegstagebücher, in: Erich Kästner, Das Blaue Buch, a. a. O., 19ff.

[269] Der deutsche Heeresoffizier Wilhelm Keitel (1882-1946) war Generalfeldmarschall und von 1938 bis 1945 Chef des Oberkommandos der Wehrmacht, ranghöchster deutscher Soldat im Zweiten Weltkrieg. Hitlers Erfüllungsgehilfe wurde nach 1945 als einer von 24 Hauptkriegsverbrechern zum Tod durch den Strang verurteilt und in Nürnberg hingerichtet, seine Asche in der Isar verstreut.

zu der Annahme, dass er seine linksliberale Position, die er Ende der Weimarer Republik hatte, aufgegeben hätte.[270] Er nahm Kontakt zu alten Bekannten wie Wolfgang Koeppen[271] und Werner Buhre auf, die den Krieg überlebt hatten. Zunächst produzierte er, gewissermaßen zwischen den Trümmern[272], neue Texte fürs Kabarett[273], als erstes für `Die Schaubude´[274], später für `Die Kleine Freiheit´[275] und für den Hörfunk. Die US-amerikanischen

---

[270] Vgl. Hermann Kurzke, Nachwort zu Erich Kästner Werke, II, 413-419.

[271] Der deutsche Schriftsteller Wolfgang Koeppen (1906-1996) erwarb sich durch seine `Trilogie des Scheiterns´, die Anfang der fünfziger Jahre erschien, den Ruf eines bedeutenden Autors der Nachkriegsliteratur.

[272] Vgl. dazu DIE ZEIT Geschichte: Die Stunde Null. 8. Mai 1945, Teil 1: Was das Kriegsende für die Deutschen bedeutet, April 2005, bes. 18ff., und F.A.Z., Vor fünfzig Jahren. Ein Tagebuch, FfM 1995.

[273] Eine Zusammenstellung von Kästners Texten findet man in: Erich Kästner Werke, II, 7-187 (`Der tägliche Kram´), 187-329 (`Die Kleine Freiheit´) und 331-409 (`Kabarettpoesie. Nachlese 1929-1953´).

[274] `Die Schaubude´, Münchens erstes Nachkriegskabarett, gehörte von 1945 bis 1949 zu den bekannten Kabaretts der Zeit. Erich Kästner, Axel von Ambesser (1910-1988), Hellmuth Krüger (1890-1955) und Herbert Witt (1900-1980) waren die vier Hausautoren; Edmund Nick komponierte die Musik und übernahm später auch die musikalische Begleitung. Themen waren u. a. Wohnungsnot, Schwarzmarkt, Entnazifizierung, Kriegsgefangenschaft und Besatzungsmacht, vgl. weiterführend Gwendolyn von Ambesser, Schaubudenzauber – Geschichte und Geschichten eines legendären Kabaretts, Lich 2006, und Dagmar Nick (Hgin.), Edmund Nick. Das literarische Kabarett: Die Schaubude 1945-1948. Seine Geschichte in Briefen und Songs, München 2004. Erich Kästner schrieb das `Marschlied 1945´, das das Lebensgefühl einer jungen Generation traf, die in die Normalität zurückfinden wollte, und mit dem die kumpelhaft-volkstümliche Kabarettistin Ursula Herking (1912-1974) Ovationen feierte und Berühmtheit erlangte: „... Ich trag Schuhe ohne Sohlen,/und der Rucksack ist mein Schrank./Meine Möbel hab´n die Polen/und mein Geld die Dresdner Bank..." (Erich Kästner, Marschlied 1945, in: Erich Kästner Werke, II, 52-54, Zitat auf 52).

[275] Im Münchner Kabarett und Theater `Die Kleine Freiheit´, gegründet von der aus dem Exil nach Deutschland zurückgekehrten jüdischen Schauspielerin und Kabarettistin Trude Kolman (eigentlich Gertrud Kohlmann, 1904-1969), gehörte Erich Kästner ab 1951 zu den Hauptautoren. Später veröffentlichte er seine Texte aus jener Zeit, vgl. Erich Kästner, Die kleine Freiheit: Chansons und Prosa 1949-1952, Zürich 1986. Vgl. dazu auch Trude Kolman (Hgin.), Münchner kleine Freiheit. Eine Auswahl aus dem Programm von 10 Jahren, München 1960, und die Erinnerung des Kabarettisten Dieter

Besatzungsbehörden machten ihn im Oktober 1945 zum Feuilleton-Chef der in München erscheinenden ›Neuen Zeitung‹[276] – einer US-amerikanischen Zeitung für die deutsche Bevölkerung, genauer: ein Sprachrohr der US-amerikanischen Besatzungsbehörden mit dem dezidierten Ziel, Nationalismus und Militarismus in Deutschland auszuschalten. Kästner ließ nun Literatur drucken, die im NS-Staat verboten war, u. a. Beiträge von Kurt Tucholsky und Maximilian Harden[277] oder von US-amerikanischen Literaturklassikern wie Walt Whitman[278] und Mark Twain[279].

Hildebrand an Erich Kästner: https://www.youtube.com/watch?v=u2vQ0x2Y8r0 (aufgerufen am 21.7.2019).

[276] ›Die Neue Zeitung‹, ein in der amerikanischen Besatzungszone herausgegebenes Blatt, vergleichbar mit ›Der Welt‹ in der britischen Besatzungszone, wurde Mitte Oktober 1945 in München gegründet. Kästner wurde von seinem alten Bekannten Peter de Mendelssohn (1908-1982), der vor den Nazis ins Exil gegangen und als britischer Presseoffizier zurückkehrt war, zur Mitarbeit aufgefordert. Der österreichisch-US-amerikanische Journalist Hans Habe (1911-1977), einst emigriert und als US-Major nach Deutschland zurückgekehrt, war Chefredakteur, Erich Kästner für das Feuilleton zuständig (Luiselotte Enderle war seine Stellvertreterin), Stefan Heym für die Außenpolitik. Zum Redaktionsteam gehörten außerdem noch Robert Lemke (1913-1989), zuständig für das Ressort Innenpolitik, und Hildegard Hamm-Brücher (1921-2016) als Wissenschaftsredakteurin. Die ›Neue Zeitung‹ erschien zunächst dreimal wöchentlich, dann täglich, mit einer Auflage von 2,5 Millionen Exemplaren und war zeitweise nach dem ›Daily Mirror‹ die auflagenstärkste Zeitung Europas und galt als die bedeutendste Zeitung im Nachkriegsdeutschland. Sie bestand bis 1955.

[277] Maximilian Harden (1861-1927) war ein deutsch-jüdischer Publizist, Kritiker, Schauspieler und Journalist, der sich 1878 evangelisch taufen ließ. Er gründete die politische Wochenschrift ›Die Zukunft‹ und kämpfte gegen Nationalismus und Militarismus. Nach einem Attentat aus rechtsradikalen Kreisen, das er nur knapp überlebte, zog er sich in die Schweiz zurück, wo er auch starb.

[278] Der US-Amerikaner Walt Whitman (1819-1892), Dichter, Essayist und Journalist, gehört zu den einflussreichsten amerikanischen Lyrikern des 19. Jahrhunderts. Sein Hauptwerk ist ›Leaves of Grass‹ (1860/61).

[279] Der US-amerikanische Schriftsteller Mark Twain (1835-1910), Repräsentant des ›amerikanischen Realismus‹, der in seinem Werk u. a. den alltäglichen Rassismus in den USA beschreibt, ist noch heute als Autor von ›Tom Sawyer und Huckleberry Fynn‹ (1884) im öffentlichen Bewusstsein.

Auch Autoren wie Bertrand Russel[280], Johan Huizinga[281], Theodor Heuss[282], Kurt Schumacher[283], Erich Fromm[284] und Alexander Mitscherlich[285] publizierten in der Zeitung. Kästner bot zudem gerne jungen, unbelasteten Autoren

---

[280] Der britische Philosoph und Mathematiker Bertrand Russel (1872-1970), Enkel des britischen Premierministers, ein Atheist, Rationalist und Vertreter der Analytischen Philosophie, erhielt 1950 den Nobelpreis für Literatur. Er war bekannt für seinen Einsatz für Frieden und Abrüstung.
[281] Johan Huizinga (1872-1945), aus einer mennonitischen Predigerfamilie stammend, war ein niederländischer Kulturhistoriker, der sich vor allem in der Mediavistik und in der Theorie des Spiels (`Homo ludens´, 1956) bleibende Verdienste erworben hat. Kurz nach der Machtübernahme der Nazis protestierte er gegen den Nationalsozialismus und den Antisemitismus und solidarisierte sich mit den in Deutschland verfolgten Juden.
[282] Theodor Heuss (1884-1963) war Journalist, Publizist, promovierter Politikwissenschaftler, Zeichner, liberaler Politiker und nach der Gründung der Freien Demokratischen Partei (FDP) ihr erster Vorsitzender. Von 1949 bis 1959 war er der erste Bundespräsident der Bundesrepublik Deutschland.
[283] Der deutsche evangelische Politiker Kurt Schumacher (1895-1952), ein promovierter Jurist, war die größte Zeit im Nationalsozialismus als politischer Häftling im KZ, u. a. in Dachau, inhaftiert. Unmittelbar nach Kriegsende begann Kurt Schumacher mit dem Wiederaufbau der Sozialdemokratischen Partei Deutschlands (SPD) und war von 1946 bis 1952 deren Parteivorsitzender. Er war der Antipode Konrad Adenauers und gehört zu den Gründervätern der Bundesrepublik Deutschland.
[284] Der deutsch-US-amerikanische Psychoanalytiker, Philosoph und Sozialpsychologe Erich Fromm (1900-1980), der sich Mitte der 1920-er Jahre vom orthodoxen Judentum abwandte und einen humanistischen, demokratischen Sozialismus vertrat, überlebte den Nationalsozialismus im New Yorker Exil und wurde mit seinen Büchern `Die Kunst des Liebens´ (1956) und `Haben oder Sein´ (1976) zum Bestseller-Autor. Sein Grab befindet sich Bellinzona/Schweiz.
[285] Der deutsche Arzt, Psychoanalytiker, Hochschullehrer und Schriftsteller Alexander Mitscherlich (1908-1982), der 1935 in die Schweiz emigrierte, kehrte 1937 nach Nürnberg zurück und wurde dort aus politischen Gründen von der Gestapo acht Monate lang inhaftiert. Nach seiner Freilassung blieb er in Deutschland, promovierte 1941 in Heidelberg und habilitierte sich 1949 in Zürich. Bekannt wurde er durch sein mit seiner Ehefrau Margarete veröffentlichtes Buch `Die Unfähigkeit zu trauern´. In ihm geht es um die unzureichende Auseinandersetzung und Bewältigung von Schuld und Mitschuld an NS-Verbrechen in der Adenauerzeit. Der bekennende Atheist war u. a. von 1960 bis 1976 Leiter des Sigmund-Freud-Instituts in Frankfurt/Main und 1961 Mitbegründer der Humanistischen Union.

wie Wolfdietrich Schnurre[286] und Wolfgang Borchert[287] ein Podium. Auch er selbst veröffentlichte viele Artikel. Alfred Andersch[288], später ebenfalls Schriftsteller, war kurzzeitig Kästners Redaktionsassistent. Kästner nahm ins Feuilleton Beiträge alter Freunde auf, wie Annette Kolb[289], Hans

---

[286] Der deutsche Schriftsteller Wolfdietrich Schnurre (1920-1989), ein vielfach geehrter Erzähler und Lyriker der westdeutschen Nachkriegsliteratur, gehörte zu den Gründern der `Gruppe 47´, bald ein einflussreiches kulturelles Forum in der Bundesrepublik Deutschland. Es bestand von 1947 bis 1967. Ihm gehörten Schriftstellerinnen und Schriftsteller wie Günter Eich (1907-1972), Ilse Aichinger (1921-2016), Ingeborg Bachmann (1926-1973) und Martin Walser (geb. 1927) sowie Kritiker wie Marcel Reich-Ranicki und Joachim Kaiser (1928-2017) an. Schnurres Kurzgeschichte `Das Begräbnis´, in der die Beerdigung Gottes geschildert wurde, dessen Tod in der Welt kaum Beachtung fand und die Menschen gleichgültig ließ, wurde bei der Zusammenkunft der `Gruppe 47´ als erster Text gelesen; er gilt als typisches Beispiel der `Trümmerliteratur´ und des `magischen Realismus´.
[287] Der deutsche Schriftsteller Wolfgang Borchert (1921-1947) wird ebenfalls der `Trümmerliteratur´ (`Draußen vor der Tür´, `Nachts schlafen die Ratten doch´) zugerechnet. Sein `Dann gibt es nur eins!´ verhalf ihm besonders in der Friedensbewegung der 80er Jahre zu großer Popularität.
[288] Der deutsche Schriftsteller Alfred Andersch (1914-1980) zählt zu den zeitkritischen Autoren der Nachkriegsliteratur. Er war u. a. Gründungsmitglied der `Gruppe 47´. In seinen Werken ist das zentrale Thema die Willensfreiheit des Einzelnen. Der Sohn eines frühen NSDAP-Unterstützers, der selbst Mitglied der KPD wurde, 1944 desertierte und sich der US-Army anschloss, porträtiert überwiegend Außenseiter. Zu seinen in die Schulliteratur eingegangenen Werken zählt `Sansibar oder der letzte Grund´.
[289] Die deutsche Schriftstellerin Annette Kolb (1870-1967) setzte sich in ihrem Werk für den Frieden und vor allem für die deutsch-französische Verständigung ein. Ihre Werke, die das High-Society-Leben spiegeln, wurden von den Nazis verbrannt. 1941 floh die 71-Jährige, die inzwischen die französische Staatsbürgerschaft angenommen hatte, nach New York. Ihr Grab befindet sich in München, ihr Nachlass in der Monacensia.

Sahl[290], Anna Seghers[291] und Carl Zuckmayer, auch geschätzter Vorbilder Kästners wie Alfred Polgar[292] und Alfred Kerr[293]. Für Kerr, der seit Kriegsbeginn kein Geld mehr verdient hatte und dessen Frau die Familie mit Schreibjobs durchbringen musste, brachte die Zeitung eine verlässliche Einnahmequelle. Er war neben Thomas Mann der von Kästner am häufigsten gedruckte Emigrant. Auch Texte von Heinrich Mann und Bertolt Brecht erschienen in der ʽNeuen Zeitungʼ, ferner Beiträge von Autoren aus Frankreich und Großbritannien. Kästner selbst griff in Artikeln einige überzeugte Nazis an, die sich wie Chamäleons

---

[290] Der vielfach geehrte Literatur-, Film- und Theaterkritiker Hans Sahl (1902-1993), promovierter Kunsthistoriker, ist ein Vertreter der deutschen Exilliteratur. 1933 emigrierte er über Prag und Zürich nach Paris. 1940 floh er nach kurzer Haft in französischen Internierungslagern über Marseille in die USA. Sahl setzte sich kritisch mit dem Stalinismus auseinander und zog schon früh Parallelen zwischen Nationalsozialismus und Stalinismus. Dies blieb sein Thema bis ins hohe Alter.

[291] Die deutsche Schriftstellerin Dr. phil. Anna Seghers (1900-1983) erhielt für ihr erstes Buch ʽDer Aufstand der Fischer von St. Barbaraʼ den Kleist-Preis. Mitglied der KPD, wurde sie 1933 von der Gestapo verhaftet, ihre Bücher wurden verbrannt. Über die Schweiz und Frankreich gelang ihr 1941 die Flucht nach Mexiko. 1942 erschien ihr Roman ʽDas siebte Kreuzʼ, durch das sie weltberühmt wurde; es wurde später erfolgreich verfilmt. Nach dem Krieg zog die vielfach Geehrte, deren Werk der ʽNeuen Sachlichkeitʼ zugerechnet wird, nach Ost-Berlin, wo sie 1947 den Georg-Büchner-Preis und vier Jahre später den Nationalpreis der DDR erhielt. Vom 1952 bis 1972 amtierte die vielfach Ausgezeichnete als Präsidentin des Schriftstellerverbandes der DDR wurde. Ihr Grab befindet sich auf dem Dorotheenstädtischen Friedhof in Berlin.

[292] Der österreichisch-jüdische Schriftsteller, Aphoristiker, Kritiker und Übersetzer Alfred Polgar (1873-1955, eigentlich Alfred Polak) gehört zu den bekanntesten Autoren der ʽWiener Moderneʼ. Der linksliberale Antifaschist, dessen Bücher verbrannt wurden, emigrierte über Prag und Paris in die USA. Als US-Amerikaner kehrte er nach Europa zurück und lebte zuletzt in Zürich, wo er auch starb und auf dem Friedhof Sihlfeld begraben liegt.

[293] Der deutsch-jüdische Schriftsteller, Theaterkritiker und Journalist Alfred Kerr (1867-1948) war einer der einflussreichsten Kritiker der Weimarer Republik. Ihm ist es zu verdanken, dass die Kritik zu einer literarischen Gattung erhoben wurde. Kerr emigrierte vor den Nazis über Prag, Lugano und Paris ins Londoner Exil. Er starb 1948 durch eigene Hand in Hamburg, wo sich auch sein Grab befindet.

schnell der neuen politischen Situation angepasst hatten: Erich Ebermayer[294], Leni Riefenstahl[295] und Veit Harlan[296].

Die 10. Münchner Spruchkammer teilte Kästner schließlich schriftlich mit, dass er vom `Gesetz zur Befreiung des Nationalsozialismus und Militarismus´ vom 5. März 1946 nicht betroffen war – die Behörden erachteten ihn als unbescholtenen Nicht-Emigranten.[297] Als solcher wurde er von verschiedenen Stellen aufgefordert, beim Wiederaufbau, insbesondere des Rundfunks, mitzuhelfen. Im Januar 1946 begann seine Mitarbeit an der Kinder- und Jugendzeitschrift `Pinguin´[298], die er ab dem zweiten Heft mit her-

---

[294] Erich Ebermayer (1900-1970), Sohn eines Richters am Leipziger Reichsgericht und selbst promovierter Jurist, verfasste hauptsächlich Unterhaltungsliteratur. Der homosexuelle Jugendfreund Klaus Manns (1906-1949) hatte über verwandtschaftliche Beziehungen Kontakte in höchste Kreise des NS-Regimes erhalten. Er schrieb schnell, verdiente entsprechend gut und profitierte vom NS-System. Später hatte er führende Ämter in Schriftstellerverbänden inne und erhielt nach dem Krieg das Bundesverdienstkreuz Erster Klasse.

[295] Leni Riefenstahl (1902-2003) stand mit ihren Drehbüchern und Filmen (`Der Sieg des Glaubens´ und `Triumph des Willens´) ganz im Dienst der NS-Propaganda.

[296] Der deutsche NS-Schauspieler und -Regisseur Veit Harlan (1899-1964) hat die nationalsozialistischen Propagandafilme `Jud Süss´ und `Kolberg´ zu verantworten. Er wurde nach dem Krieg deswegen zwar angeklagt, aber freigesprochen. Er starb während eines Urlaubs auf Capri, wo sich auch sein Grab befindet.

[297] Er selbst wurde nach dem Krieg von unterschiedlichen Personen aufgefordert, entlastende Bescheinigungen für in NS-Deutschland Verbliebene zu schreiben.

[298] Die in der Regel 36 Seiten starke Jugendzeitschrift, im Rowohlt Verlag erschienen, von Erich Kästner mit konzipiert und in den ersten Jahren auch von ihm ediert, erschien monatlich von 1946-1951. Autoren wie Wolfgang Borchert (1921-1947) und Mascha Kaléko (1907-1975) veröffentlichten hier ihre Texte. Außerdem bot die Zeitschrift mit der Veröffentlichung von Leserbriefen ein Podium für ihre Leserinnen und Leser und sorgte mit einer Rubrik für die Zusammenführung von Familien, die der Krieg auseinandergerissen hatte. Kästner selbst schrieb dazu einen Beitrag mit dem Titel `Kinder suchen ihre Eltern´, in: Erich Kästner Werke, VI, 553-558. Vgl. weiterführend Birgit Ebbert,

ausgab. In ihr setzte sich Kästner mit aufklärerischem Anspruch für Zivilcourage, Ehrlichkeit und Mitleid ein. Ziel der pädagogischen Zeitschrift war `reeducation´, d. h., Jugendlichen und jungen Erwachsene, die in der NS-Diktatur aufgewachsen waren, demokratische Werte zu vermitteln. Durch seine Mitarbeit bei der `Neuen Zeitung´ kam er bei der Militärregierung in den Genuss einiger Privilegien – beispielsweise bezog er ein gutes Gehalt und die Ausgangssperre galt für ihn nicht. Gewohnt wurde in dieser Zeit zunächst provisorisch, bis er im Januar 1946 von der Pension in der Thierschstraße 49 in die Fuchsstraße 2 in Schwabing zog.

In den kargen Jahren nach dem Krieg reiste Kästner quer durch Deutschland: ins völlig zerbombte Berlin, wo er mit Johannes R. Becher[299] und Anna Seghers zusammentraf, und ins wegen der Reisebeschränkungen, weil in der sowjetischen Besatzungszone gelegenen, nur schwer erreichbare und total zerstörte Dresden[300], wo er seine betagten

---

Erziehung zu Menschlichkeit und Demokratie. Erich Kästner und seine Zeitschrift `Pinguin´ im Erziehungsgefüge der Nachkriegszeit, FfM 1994 (diss. phil.).

[299] Der expressionistische Dichter und Politiker Johannes R. Becher (1891-1958), der als junger Mann seine Freundin ermordet hatte, von den Nazis ausgebürgert worden war und 12 Jahre ins Exil ging, war später u. a. Kulturminister der DDR (1954-1958) und Präsident des Kulturbundes. Auf Becher geht der Text der DDR-Nationalhymne (`Auferstanden aus Ruinen´) zurück. Er starb an den Folgen von Krebs; auf dem Dorotheenstädtischen Friedhof in Berlin wurde er bestattet.

[300] Dresden war damals der Zufluchtsort vieler Flüchtlinge. Es wurde am 13. und 14. Februar 1945 durch Tieffliegerangriffe völlig zerstört. Vgl. Walter Nowojski, Als das Feuer zurückkam, in: DIE ZEIT Nr. 7 v. 10. 2. 2005, 84. Der Autor geht in seinem Artikel, der sich mit der dreifachen alliierten Bombardierung Dresdens beschäftigt, auf Victor Klemperer (1881-1960) ein, dessen Tagebücher er herausgegeben hat.

Eltern wiedersah.[301] Ihnen ging es den Umständen entsprechend: Sie froren in ihrer ungeheizten Wohnung und aßen trocken Brot und Kartoffeln. Ida Kästner machte dem 50jährigen in dieser Zeit Vorwürfe, dass er ihr Enkel vorenthalten hatte, außerdem schrieb sie ihm aus Dresden Elendsbriefe, in denen sie über Kohlen- und Lebensmittelknappheit klagte. Erich Kästner schickte daraufhin Päckchen mit Lebensmitteln in die `Zonengrenze´. Kästner berichtete von Theaterpremieren in Konstanz, Darmstadt und Heidelberg und von den Kriegsverbrecherprozessen in Nürnberg[302]. „Er war ein Meister der Beiläufigkeit – der vom Plauderton auch dann nicht lassen mochte, wenn es todernst wurde."[303] In Zürich pflegte Kästner seine Kontakte zu schweizerischen Verlegern und traf sich u. a. mit

---

[301] Er schrieb darüber in `Der tägliche Kram´, vgl. Erich Kästner, ...und dann sah ich meine Eltern wieder, in: Erich Kästner Werke, II, 90-95, bes. 91. Elfriede Mechnig, die Kästners Eltern regelmäßig besuchte, berichtete über krankhafte Fressattacken der zunehmend verwirrter werdenden Ida Kästner. Luiselotte Enderle sah den Grund für die Demenz Ida Kästners nicht in den Schrecken des Naziregimes, sondern: „die lähmende Stille war es, die Kopf und Gemüt der Mutter allmählich verwirrten" (Luiselotte Enderle, Erich Kästner, a. a. O., 106).

[302] Vgl. dazu die Dokumentation `Der Jahrhundertprozess – Das Nürnberger Tribunal aus prominenter Sicht´: https://www.youtube.com/watch?v=fCJNkhPGdyk (aufgerufen am 15.5.2019), mit zeitgenössischen Aufnahmen und Berichten aus der Sicht prominenter Berichterstatter wie Erich Kästner, Erika Mann (1905-1969), Alfred Döblin, Ilja Ehrenburg (1891-1967) oder Willy Brandt (1913-1992).

[303] Franz Josef Görtz/Hans Sarkowicz, Erich Kästner, a. a. O., 262.

Max Brod[304], Werner Bergengruen[305] und Max Frisch[306]. Doch die Arbeit als Feuilletonchef mit seinem Pflichtpensum an Kritiken und Kommentaren und der harte Alltag des Blattmachens raubte dem Schriftsteller die Zeit; deshalb gab er seinen Posten im Herbst 1946 auf bzw. gab ihn an Luiselotte Enderle ab. Er wollte wieder als freier Schriftsteller leben, so wie vor 1933, als er gegen Kleingeist, Dummheit und Heuchelei zu Felde gezogen war, und Geschichten und Romane für Kinder, Gedichte, Chansons und Drehbücher schreiben. Nach 1949 erschienen seine Beiträge wieder ganz verstreut in Tages- und Wochenzeitungen, in Zeitschriften und Magazinen.

Als Kästners erstes Buch nach dem Krieg kam seine Gedichtsammlung `Bei Durchsicht meiner Bücher´, eine Zusammenstellung von politischen Gedichten, heraus. Während Kästner selbst als Schriftsteller wieder in Erscheinung trat – auch `Fabian´ und `Das fliegende Klassenzimmer´ waren nun wieder in Deutschland lieferbar –, fungierte er auch als Herausgeber, so für den Tucholsky-

---

[304] Der deutschsprachige Schriftsteller Max Brod (1884-1968), promovierter Jurist und zunächst Versicherungsbeamter, war später Theater- und Musikkritiker in Prag, der sich bekanntlich bleibende Verdienste um den Erhalt der Werke seines Freundes Franz Kafka (1883-1924) erworben hat: Gegen Kafkas Willen rettete er dessen Werk, heute zum Kanon der Weltliteratur zählend, vor der Vernichtung. 1939 emigrierte Brod nach Palästina. Er starb in Tel Aviv.
[305] Die Werke des deutsch-baltischen Schriftstellers und Journalisten Werner Bergengruen (1892-1964), national-konservativ eingestellt und christlich-humanistisch gesinnt, der zum katholischen Glauben konvertiert und Vater von vier Kindern war, wurden von den Nazis verboten.
[306] Der Schweizer Schriftsteller und Architekt Max Frisch (1911-1991) gehört bis heute mit seinen Romanen `Stiller´, `Homo faber´ und `Mein Name sei Gantenbein´ sowie dem Drama `Andorra´ zu den postmodernen Dichtern, die in den Kanon der Schulliteratur aufgenommen wurden.

Band ´Gruß nach vorn´ (1946), der im Rowohlt-Verlag erschien.[307] Nun begann, zwei Jahre nach dem Krieg, die Wirtschaftswunderzeit in Deutschland, der Wiederaufbau, und die Einführung einer neuen Währung, der D-Mark. Die Namen der Bundeskanzler Konrad Adenauer[308] und vor allem Ludwig Erhardt[309] stehen bis heute für diese wirtschaftlich aufblühende, aber politisch restaurative Zeit. Die Leute waren sehr mit sich selbst und mit dem Geldverdienen beschäftigt. Sie hatten kein Interesse an der Aufarbeitung der Vergangenheit und der Verarbeitung von Schuld, verdrängten das Erlebte und richteten ihren Blick selbstbewusst nach vorn. 1947 nahm Kästner am Internationalen PEN-Kongress in Zürich teil; vier Jahre später, 1951, wurde er – Deutschland war inzwischen geteilt, der Kalte Krieg herrschte bereits – zum ersten Präsidenten des westdeutschen PEN-Zentrums gewählt.[310] Zehn Jahre

---

[307] Vgl. Kurt Tucholsky, Gruß nach vorn, hg. v. Erich Kästner, Köln 2006 (Kästners ´Begegnung mit Tucho´ auf 295-299)
[308] Der Rheinländer Konrad Adenauer (1876-1967), Mitbegründer der CDU, war von 1949 bis 1963 der erste Bundeskanzler der Bundesrepublik Deutschland und von 1951 bis 1955 gleichzeitig Außenminister. Der Zentrumspolitiker in der Weimarer Republik und Oberbürgermeister von Köln, u. a. Präsident des preußischen Staatsrats, wurde von den Nazis seiner politischen Ämter enthoben und zeitweise inhaftiert. Für seine Politik charakteristisch war die Westbindung Deutschlands, die Europäische Einigung, ein starker Antikommunismus und die aktive Rolle der Bundesrepublik in der NATO.
[309] Der ordoliberale Wirtschaftswissenschaftler und CDU-Politiker Dr. rer. pol. Ludwig Erhard (1897-1977), ein Antipode Adenauers, zu dessen Markenzeichen ab 1930 das Zigarrenrauchen gehörte, war von 1949 bis 1963 Bundeswirtschaftsminister und von 1963 bis 1966 der zweite Bundeskanzler der Bundesrepublik Deutschland. Mit Erhards Namen ist die soziale Markwirtschaft verbunden.
[310] Eine neue deutsche Sektion des PEN-Zentrums hatte sich 1948 in Göttingen konstituiert. Das westdeutsche PEN-Zentrum wurde im Dezember 1951 aus Protest gegen das von Johannes R. Becher geleitete ´gesamtdeutsche´ PEN-Zentrum gegründet. Damit war das deutsche PEN-Zentrum gespalten in das ´Deutsche PEN-Zentrum der Bundesrepublik Deutschland´ und seit 1967 in das ´PEN-Zentrum Deutsche Demokratische

lang stand er an der Spitze der Vereinigung; 1965 wählte man ihn dann zum Ehrenpräsidenten. 1948 erschienen seine Bücher ´Der tägliche Kram´[311] und ´Epigramme´[312]. Seine Komödie ´Zu treuen Händen´[313] wurde in Düsseldorf uraufgeführt. Viele Freundinnen und Freunde aus dem Exil schickten ihm in dieser Zeit wirtschaftlicher Not ´Care-Pakete´ – wie Helene Weigel[314] und Rudolf Arnheim[315]. 1949 – Erich Kästner arbeitete, wie gesagt, seit zwei Jahren nicht mehr bei der Zeitung und hatte auch die

---

Republik´. Zur westdeutschen Sektion gehörten neben Kästner u. a. die Schriftstellerin Oda Schaefer (1900-1988) und die Schriftsteller Werner Bergengruen (1892-1964) und Hermann Kasack (1896-1966). Mitglied der legendären ´Gruppe 47´ war Erich Kästner nicht; allerdings gehörte sein Assistent bei der ´Neuen Zeitung´, Alfred Andersch, dazu, vgl. Helmut Böttiger, Die Gruppe 47. Als die deutsche Literatur Geschichte schrieb, München 2012, bes. 46.

[311] Vgl. Erich Kästner, Der tägliche Kram. Chansons und Prosa 1945-1948, in: Erich Kästner Werke, II, 7-186. Das Buch wurde 2013 neu aufgelegt, vgl. Erich Kästner, Der tägliche Kram. Chansons und Prosa 1945-1948, Zürich 2013.

[312] Vgl. Erich Kästner, ´Kurz und Bündig. Epigramme´, in: Erich Kästner Werke, I, 267-314.

[313] Auf Erich Kästners Komödie ´Zu treuen Händen´, die unter seinem Pseudonym Melchior Kurtz erschien, geht die Verfilmung ´Liebe will gelernt sein´ aus dem Jahre 1963 zurück (Regie: Kurt Hoffmann). Kästner schrieb dazu das Drehbuch.

[314] Die jüdisch-österreichische Schauspielerin und Intendantin Helene Weigel (1900-1971) war mit ihrem Ehemann Bertolt Brecht 1933 aus Berlin geflohen und später in die USA emigriert. 1948 kehrte sie nach Ost-Berlin zurück und gründete dort mit ihrem Mann das ´Berliner Ensemble´. Gemeinsam führten sie das Theater zu Weltruhm. Helene Weigel war Gründungsmitglied der ´Deutschen Akademie der Künste´ in Ost-Berlin. Sie kandidierte für die SED bei den Berliner Abgeordnetenhaus-Wahlen. Dreimal erhielt sie den ´Nationalpreis der DDR´. Nach dem Tode Brechts 1956 führte sie das Theater in seinem Namen weiter. 1960 wurde sie zur Professorin ernannt und vielfach ausgezeichnet. Ihr Grab befindet sich neben dem Brechts auf dem Dorotheenstädtischen Friedhof in Berlin.

[315] Der jüdisch-deutsch-US-amerikanische Medienwissenschaftler, Kunstpsychologe Rudolf Arnheim (1904-2007), war nach Studium und Promotion Kulturredakteur und Filmkritiker der ´Weltbühne´, bevor er 1933 nach Rom ging und 1939 über London in die USA emigrierte. Er wurde 1968 Professor in Harvard und später in Michigan.

Herausgabe vom ´Pinguin´ anderen überlassen – erschienen die Kinderbücher ´Die Konferenz der Tiere´[316] und ´Das doppelte Lottchen´[317].

Angeregt von der deutsch-jüdischen Kinderbuchautorin und Mitbegründerin der ´Internationalen Jugendbibliothek´[318] in München, Jella Lepman[319], war ´Die Konferenz der Tiere´ Erich Kästners erster Roman für Kinder nach Kriegsende: Es handelt von den Delegierten aller Tierarten der Erde, die eine internationale Konferenz einberufen, um den Weltfrieden herzustellen – was den Menschen bisher nicht gelungen war. ´Es geht um die Kinder´ ist ein Leitspruch der ´Konferenz der Tiere´ – ein Satz, der ange-

---

[316] Vgl. Erich Kästner, Die Konferenz der Tiere, in: Erich Kästner Werke, VIII, 255-316 und Erich Kästner, Die Konferenz der Tiere, Hamburg 2010.

[317] Vgl. Erich Kästner, Das doppelte Lottchen, in: Erich Kästner Werke, VIII, 161-254, und Erich Kästner, Das doppelte Lottchen. Ein Roman für Kinder, Hamburg 2016. Kästners Roman wurde mehrfach verfilmt, zuerst 1950, also ein Jahr nach seinem Erscheinen, von dem ungarischen Filmregisseur Josef von Báky (1902-1966), der sich eng an das Buch hielt; er erhielt 1950 für diesen Film den ersten Bundesfilmpreis. Kästner schrieb wie bei fast allen Verfilmungen seiner Bücher selbst das Drehbuch und wirkte selber mit (als Erzähler, er taucht in einer Szene sogar kurz auf). Hier ein Filmausschnitt auf YouTube: https://www.youtube.com/watch?v=S1EfGckh8Lg (aufgerufen am 16.6.2019). Nach weiteren Verfilmungen erschien 1994 ´Charlie & Luise´ in einer Verfilmung von Joseph Vilsmeier (geb. 1939), vgl. weiterführend Ingo Tornow, Erich Kästner, a. a. O., 56-70. 2017 entstand eine weitere, die insgesamt 14. Verfilmung (Regie: Lancelot von Naso, geb. 1976). Kästners Roman erschien auch mehrfach als Hörspiel. In Dresden wurde eine Straßenbahn nach den Figuren benannt.

[318] Mit der Gründung der Internationalen Jugendbibliothek im September 1949 sollte ein Zeichen für Frieden und Völkerverständigung gesetzt werden; Bücher sollten als Friedensboten dienen. Zur Internetpräsenz der Bibliothek geht es hier: https://www.ijb.de/home.html/ (aufgerufen am 28.6.2019).

[319] Die liberale deutsch-jüdische Journalistin, Autorin und Übersetzerin Jella Lepman (1891-1970), Mitglied der Deutschen Demokratischen Partei (DDP), war die Gründerin der Internationalen Jugendbibliothek in München. Sie überlebte die NS-Diktatur und den Krieg im Exil und kehrte nach dem Krieg nach Europa zurück. In Zürich starb sie im Alter von 79 Jahren; dort befindet sich auch ihr Grab.

sichts der Klimadiskussionen weltweit derzeit nicht aktueller sein könnte.[320] Kästner nahm darin Bezug auf politische Probleme seiner Zeit, wie den Indochinakrieg, die Diktatur Francos[321] in Spanien und die Gefahren von Kernwaffen. Das Buch, in dem Kästners Antimilitarismus zum Ausdruck kommt, ist u. a. eine Satire auf die Bürokratie und das Militär, deren Abschaffung und Abbau der Autor fordert.[322]

Erste Vorarbeiten Kästners für `Das doppelte Lottchen´ gingen auf das Jahr 1942 zurück. Vorlage für die Mutter der beiden Protagonistinnen, der Zwillinge Luise und Lotte, war Kästners Lebensgefährtin Luiselotte Enderle. Der Plot war, kurz gesagt: Ein Ehepaar hat zwei Töchter, Luise Palfy und Lotte Körner, die durch die Scheidung der Eltern als Babys getrennt wurden und sich in einem Ferienheim in Seebühl erstmals begegnen. Sie entdecken, dass sie eineiige Zwillinge sind und nehmen sich vor, ihre Eltern wieder zusammenzubringen. Scheidung als Thema und die Einführung einer berufstätigen alleinerziehenden Mutter als Figur führten im Nachkriegsdeutschland zu regen Diskussionen.

Kästner arbeitete in dieser Zeit vorwiegend nachts; er stand in der Regel um 11.00 Uhr morgens auf, trank Kaffee, aß gegen 14.00 Uhr zu Mittag und verließ gegen 16.00

---

[320] Inspiriert von Kästners Buch kam 2010 eine animierte Version unter demselben Titel heraus: https://www.youtube.com/watch?v=sZypxPe_iQU (aufgerufen am 10.6.2019).
[321] Der faschistische Militär Francisco Franco (1892-1975) war von 1936 bis 1975 spanischer Diktator. Bis heute (2019) ist die Franco-Zeit in Spanien nicht aufgearbeitet worden.
[322] Vgl. zur Animations-Verfilmung von 1969 (Regie: Curt Linda, 1919-2007) weiterführend Ingo Tornow, Erich Kästner, a. a. O., 71-74.

Uhr das Haus, um ins Büro zu eilen – das ein Kaffeehaus war! Abends kehrte er dann nach Hause zurück, schaute fern und verließ das Haus gegen 20.30 Uhr erneut – in kleinere Bars, in denen er schrieb und die für ihn Orte der Inspiration waren. Aber es blieb nicht nur beim Arbeiten – Kästner verkehrte auch in Nachtclubs und stattete seinen Freundinnen nächtliche Besuche ab. Auch in dieser Zeit hatte er mehrere Freundinnen und ´Verhältnisse´. 1949 lernte der Fünfzigjährige die damals 23jährige Friedel Siebert[323] kennen, mit der ihn die folgenden Jahre eine Liebesbeziehung verband und die ihm ein Kind, Thomas Kästner[324], schenkte. Schon 1932 hatte Kästner das Gedicht „Brief an meinen Sohn" geschrieben, in dem er zum Ausdruck gebracht hatte, dass er noch auf die geeignete Frau warten würde, mit der er gerne ein Kind gehabt hätte:

---

[323] Friedhilde Siebert (1926-1986) war Schauspielschülerin, als sich Kästner in sie verliebte. Auf seinen Wunsch hin sollte sie ihren Beruf ganz aufgeben – was sie auch tat. Nach zwei Fehlgeburten erfüllte sich nach acht (!) Jahren der gemeinsame Kinderwunsch: Thomas Kästner wurde geboren! Kästner war damals 57 Jahre alt. Friedel Siebert starb im Alter von sechzig Jahren in Zürich. In der Kästner-Biographie von Luiselotte Enderle wird sie fälschlicherweise als „Fridine" bezeichnet (Luiselotte Enderle, Erich Kästner, a. a. O., 139).

[324] Thomas Kästner (geb. 1957) kam zwei Wochen vor dem Tod von Kästners Vater Emil zur Welt. Er durfte mit Einwilligung der Behörden den Namen seines Vaters führen, obwohl seine Mutter und Kästner nicht miteinander verheiratet waren. Luiselotte Enderle erfuhr erst 1960 von der Existenz dieses Kindes. Thomas Kästner, ein Musiker (vgl. Luiselotte Enderle, Erich Kästner, a. a. O., 128), lebt heute von der Öffentlichkeit zurückgezogen in Zug. Er wurde von Erich Kästner als Universalerbe eingesetzt und hält die Rechte am Werk seines Vaters; die Tantiemen wurden zu Enderles Lebzeiten geteilt (vgl. Sven Hanuschek, Erich Kästner, a. a. O., 136). Der Großzügigkeit Thomas Kästners ist es zu verdanken, dass sich der Nachlass Kästners, nachdem er lange von Luiselotte Enderle gehütet und umkämpft worden war, heute im Deutschen Literaturarchiv in Marbach am Neckar befindet, wo er der wissenschaftlichen Forschung zugänglich gemacht wurde.

„Ich möchte endlich einen Jungen haben,/so klug und stark, wie Kinder heute sind./Nur etwas fehlt mir noch zu diesem Knaben./Mir fehlt nur noch die Mutter zu dem Kind./Nicht jedes Fräulein kommt dafür in Frage./Seit vielen langen Jahren such ich schon./Das Glück ist seltner als die Feiertage./Und deine Mutter weiß noch nichts von uns, mein Sohn./Doch eines schönen Tages wird's dich geben./Ich freue mich schon heute sehr darauf./Dann lernst du laufen, und dann lernst du leben,/und was daraus entsteht, heißt Lebenslauf./Zu Anfang schreist du bloß und machst Gebärden,/bis du zu andern Taten übergehst,/bis du und deine Augen größer werden/und bis du das, was man verstehen muss, verstehst./Wer zu verstehn beginnt, versteht nichts mehr./Er starrt entgeistert auf das Welttheater./Zu Anfang braucht ein Kind die Mutter sehr./Doch wenn du größer wirst, brauchst du den Vater./Ich will mit dir durch Kohlengruben gehn./Ich will dir Parks mit Marmorvillen zeigen./Du wirst mich anschaun und es nicht verstehn./Ich werde dich belehren, Kind, und schweigen./Ich will mit dir nach Vaux und Ypern reisen/und auf das Meer von weißen Kreuzen blicken./Ich werde still sein und dir nichts beweisen./Doch wenn du weinen wirst, mein Kind, dann will ich nicken./Ich will nicht reden, wie die Dinge liegen./Ich will dir zeigen, wie die Sache steht./Denn die Vernunft muss ganz von selber siegen./Ich will dein Vater sein und kein Prophet./Wenn du trotzdem ein Mensch wirst wie die meisten,/all dem, was ich dich schauen ließ, zum Hohn,/ein Kerl wie alle, über einen Leisten,/dann wirst du nie, was du sein sollst: mein Sohn!"[325]

---

[325] Erich Kästner, Brief an meinen Sohn, in: Erich Kästner Werke, I, 177f.

Kästner, so würde man heute sagen, hatte sein Privatleben in dieser Zeit nicht im Griff. Denn er führte ein Doppelleben: Seit 1953 wohnte er mit seiner Lebensgefährtin Luiselotte Enderle in der Flemingstraße 52 in München-Bogenhausen[326] zusammen. Vor ihr versuchte er tunlichst, die Existenz seines Kindes zu verheimlichen – was ihm aber nicht gelang.[327] Drei Jahre nach der Geburt seines Sohnes erfuhr Luiselotte Enderle, die während Kästners Abwesenheit mit der größten Selbstverständlichkeit dessen private Post öffnete, von seiner Existenz und von der Existenz seiner jungen Mutter. Sie selbst arbeitete in dieser Zeit an einer Kästner-Biographie. Diese erschien 1960 bei Kindler und später im Rowohlt-Verlag[328]. Das Beziehungsgeflecht Kästners mit seinen beiden Frauen wurde

---

[326] Dorthin waren die beiden gezogen, nachdem ihnen ihre möblierte Wohnung in der Fuchsstraße gekündigt worden war. Dort lebten sie zusammen mit einigen Katzen, denn Erich Kästner war ein Katzenfreund.

[327] Der als reserviert, schweigsam und schüchtern beschriebene Mann hatte Zeit seines Lebens zahllose Affären und schnell wechselnde Freundinnen. Er wollte keine festen Bindungen eingehen, geschweige denn heiraten. Bis auf Luiselotte Enderle: Mit ihr lebte er lange zusammen, pflegte aber zeitgleich ab Winter 1948/49 parallel drei bis vier langjährige Beziehungen, u. a. mit Ilse Heim, Helga Veith (damals 23 Jahre alt und Studentin der Germanistik/Theaterwissenschaften, alleinerziehend), Barbara Pleyer (damals 31 Jahre alt und ebenfalls alleinerziehend) und Friedel Siebert, damals 23 Jahre alt, vgl. Sven Hanuschek, Keiner blickt, a. a. O., 366ff.

[328] Vgl. Erich Kästner mit Selbstzeugnissen und Bilddokumenten, dargestellt von Luiselotte Enderle (rowohlts monographien, begründet von Kurt Kusenberg, herausgegeben von Wolfgang Müller, rm 120), Reinbek bei Hamburg 1966. Erich Kästner schrieb an dieser Biographie seiner langjährigen Lebensgefährtin kräftig mit, ganze Passagen stammen von seiner Hand. Luiselotte Enderle war sich der Schwierigkeiten, über ihren Partner zu schreiben, wohl bewusst. Kästners Affären wurden mit folgendem Kommentar der Autorin komplett ausgespart: „Natürlich wurde auch nach Frauenbeziehungen gefragt. Erich Kästner lehnte ab, jemals darüber zu sprechen. Das verbiete ihm die Diskretion" (Luiselotte Enderle, Erich Kästner, a. a. O., 157).

mit der Zeit so schwierig und für alle Beteiligten so unerträglich, dass Friedel Siebert die Flucht nach vorn ergriff und mit ihrem Sohn nach Berlin zog. Man arrangierte sich dann: Kästner pendelte von 1964 bis 1969 zwischen München und Berlin hin und her und lebte mit seiner Freundin Friedel Siebert fünf Wochen in einer großen, direkt am Waldsee gelegenen Villa in der Parkstraße 3a in Berlin-Hermsdorf, um dann wiederum fünf Wochen bei seiner Lebensgefährtin Lieselotte Enderle in München zu verbringen.[329] Für Thomas Kästner, seinen geliebten Sohn, schrieb Erich Kästner in dieser Zeit die auf Gute-Nacht-Geschichten zurückgehenden Kinderbücher `Der kleine Mann´[330] und `Der kleine Mann und die kleine Miss´[331]. Zum Inhalt von `Der kleine Mann´: „Die Hauptfigur der Geschichte war ein Junge, der nur fünf Zentimeter maß, in einer Streichholzschachtel schlief, als Waise im Zirkusmilieu aufwuchs, als Pflegesohn und Gehilfe des Zauberkünstlers Jokus von Pokus internationalen Artistenruhm erwarb, von Räubern gekidnappt wurde, ihnen schließlich entrinnen konnte, ihre Verhaftung ermöglichte und zu seinem Zirkus zurückkehrte."[332] Das 1967 erschienene Buch `Der kleine Mann und die kleine Miss´, eine Fortsetzung

---

[329] 1977 wurde die Sammlung `Briefe aus dem Tessin´, die Kästner in den 1960er Jahren an seinen Sohn und seine Freundin schrieb, publiziert.
[330] Vgl. Erich Kästner, Der kleine Mann, in: Erich Kästner Werke, VIII, 389-526. Zum Inhalt des Kinderbuchs: https://www.kaestnerfuerkinder.net/mann.php (aufgerufen am 14.6.2019). Zur Hörspielfassung: https://www.youtube.com/watch?v=hDWXT2PTNPc (aufgerufen am 21.6.2019).
[331] Vgl. Erich Kästner, Der kleine Mann und die kleine Miss, in: Erich Kästner Werke, VIII, 527-660: https://www.kaestnerfuerkinder.net/miss.php (aufgerufen am 14.6.2019).
[332] Luiselotte Enderle, Erich Kästner, a. a. O., 128.

von `Der kleine Mann´, war das letzte Kinderbuch Kästners. Im Sommer 1969 trennte sich Friedel Siebert von Erich Kästner, nachdem dieser es abgelehnt hatte, sich von Luiselotte Enderle zu trennen[333], und zog, auch der Intrigen Luiselotte Enderles und der Bespitzelungen der von ihr beauftragten Detektive überdrüssig, mit ihrem Sohn in die Schweiz.

Parallel war Kästner dabei, sein täglich Brot zu verdienen. Er versuchte es mit Synchronisationsarbeit: Aber 1950 fiel es ihm schwer, `All About Eve´, einen Film über Hollywood, der sieben Oscars erhielt, zu synchronisieren. Was er ablieferte, war dennoch perfekt! Es blieb allerdings Kästners einzige Synchronisationsarbeit – andere lehnte er danach ab.[334] 1951 starb Kästners Mutter. Der Sohn trauerte um sie und stürzte sich in Arbeit. Die folgenden Jahre waren geprägt von der Arbeit an neuen Gedichten, an Drehbüchern und an den Verfilmungen seiner eigenen Kinderbücher und Romane. Außerdem wurde er vielfach geehrt: 1956 erhielt er den Literaturpreis der Stadt München, 1957 den Georg-Büchner-Preis in Darmstadt[335],

---

[333] Vgl. Klaus Kordon, Die Zeit ist kaputt, a. a. O., 202.
[334] Allerdings war Kästner mehrfach der Rezitator seiner Werke: Schon in den 1920er Jahren hatte er Schelllackplatten mit seinen Gedichten veröffentlicht. Auch in manchen Verfilmungen seiner Bücher ist seine Stimme aus dem Off zu hören. Ebenso hat er in den fünfziger und sechziger Jahren in Hörspielfassungen seiner Bücher den Erzähler gegeben und auch im Radio aus seinen Werken gelesen. Auf Youtube ist er zu sehen und zu hören: https://www.youtube.com/watch?v=r2I9FQNFzDA&list=PLNboG-Nygye5ezuXi1s5LFcjGxPpiZvIIR (aufgerufen am 25.6.2019)
[335] Vgl. dazu Erich Kästner, Rede zur Verleihung des Georg-Büchner-Preises 1957, in: Erich Kästner Werke, VI, 620-633. Das Preisgeld von 5000 DM verschenkte Kästner an bedürftige Kolleginnen und Kollegen: Werner Helwig (1905-1985), Martin Kessel (1901-1990) und Oda Schaefer (1900-1988).

1959 das Bundesverdienstkreuz. Nur ein Jahr später, 1960, wurde ihm die Hans-Christian-Andersen-Medaille des Internationalen Kuratoriums für das Jugendbuch verliehen. In diesem Jahr starb hochbetagt Kästners Vater Emil Kästner und es erschienen Erich Kästners Kindheitserinnerungen unter dem Titel `Als ich ein kleiner Junge war´ [336]. An ihnen hatte sich sein Vater auf Kästners Wunsch hin noch mit seinen Erinnerungen beteiligt.
Erich Kästner war jetzt ein öffentlich angesehener Intellektueller. Er engagierte sich in der biederen Bundesrepublik der fünfziger und sechziger Jahre öffentlich gegen die Remilitarisierung Deutschlands: Unter dem Eindruck des Koreakrieges hatte Konrad Adenauer gefordert, die Besatzungstruppen in Westdeutschland zu verstärken, auch um der DDR-Volkspolizei entsprechend entgegentreten zu können.[337] 1955 wurde dann in Westdeutschland ein Verteidigungsministerium ins Leben gerufen und ein Jahr später, im Januar 1956, zogen die ersten freiwilligen Bundeswehrsoldaten in die Kasernen. Kästner unterschrieb mit

---

[336] Vgl. Erich Kästner, Als ich ein kleiner Junge war, Zürich 1957.
[337] Das Potsdamer Abkommen hatte im Juli 1945 Deutschlands völlige Entwaffnung beschlossen. Noch 1949 hatte Adenauer erklärt, dass Deutschland kein Verlangen nach einer Armee hätte und Franz-Josef Strauß hatte beteuert, dass seine Hand verdorren möge, sollte er je wieder ein Gewehr anfassen.

Schriftstellerkollegen wie Heinrich Böll[338] politische Appelle wie `Kampf dem Atomtod´[339]. Er kritisierte öffentlich die Bonner Regierung, insbesondere die Politik von Bundeskanzler Konrad Adenauer und Bundesverteidigungsminister Franz-Josef Strauß[340], und solidarisierte sich mit der Ostermarsch-Bewegung, bei deren Kundgebung er 1961 in München eine geschliffene Rede gegen den Vietnamkrieg und die atomare Bewaffnung der Bundeswehr hielt. Er trat deren Kuratorium bei[341], plädierte für die Einstellung von Atomwaffentests und sprach sich dafür aus, dass die Bundesrepublik Deutschland eine atomwaffenfreie Zone werden sollte.

Anlässlich seines sechzigsten Geburtstages erschienen Kästners `Gesammelte Schriften´. Seine Mitarbeiterinnen recherchierten dafür tagelang in den Archiven und tippten,

---

[338] Der deutsche Schriftsteller und Übersetzer Heinrich Böll (1917-1985) wurde 1972 mit dem Literaturnobelpreis ausgezeichnet. Die Gallionsfigur der linken Intellektuellen der Bundesrepublik Deutschland, der 1976 aus der katholischen Kirche austrat, setzte sich in seinen Romanen (`Billard um halb zehn´, `Ansichten eines Clowns´, `Gruppenbild mit Dame´, `Die verlorene Ehre der Katharina Blum´), seinen Kurzgeschichten (`Wanderer, kommst du nach Spa...´), Hörspielen und seinen politischen Essays, die der `Trümmerliteratur´ zugerechnet werden, mit der jungen Bundesrepublik auseinander. Mehrere Jahre war Böll im deutschen und internationalen PEN-Club engagiert. Nach ihm wurde u. a. die `Heinrich-Böll-Stiftung´ der GRÜNEN benannt.

[339] `Kampf dem Atomtod´ war eine außerparlamentarische Widerstandsbewegung in der Bundesrepublik Deutschland, die 1957 entstanden war. Auf dem Hintergrund der weltweiten atomaren Bedrohung, die mit dem Abwurf der Atombombe am 6. August 1945 ihren Anfang genommen hatte, und dem Wettrüsten zwischen Ost und West, richtete sie sich vor allem gegen die atomare Bewaffnung der Bundeswehr und wurde zur Vorläuferin der Ostermarsch- und Studentenbewegung der 1960er Jahre.

[340] Der CSU-Politiker Franz-Josef Strauß (1915-1988) war bayerischer Ministerpräsident und bekleidete verschiedene Ämter als Minister in der Bundesregierung. Er verlor bei der Bundestagswahl 1980 gegen den amtierenden sozialdemokratischen Bundeskanzler Helmut Schmidt (1918-2015).

[341] Vgl. Erich Kästner, Ostermarsch 1961, in: Erich Kästner Werke, VI, 662-667.

sobald sie fündig wurden, Kästners Beiträge mangels der Existenz von Kopierern, auf der Schreibmaschine ab. Kästner selbst schrieb Vorbemerkungen und Kommentare zu seinen eigenen alten Werken. Im Oktober 1958 waren diese Arbeiten punktgenau abgeschlossen. Hermann Kesten beschrieb seinen Freund damals wie folgt: „Er hat blaue Augen, still ergrauendes gewelltes Haar, buschige Brauen, schöne Wimpern und Hände, ein verschmitztes Lächeln, einen Anflug von sächsischem Dialekt, urberlinische Redensarten und einen paraten Witz… Politisch ein grundsätzlicher Liberaler, weltanschaulich ein radikaler Humanist und von Natur aus vernünftig, ist er diskret und verschwenderisch, schüchtern und verwegen, still und aufsässig, verbindlich und empfindlich, bitter und delikat."[342] Kästner erhielt ein Geburtstagsprogramm von den Münchner Kammerspielen: Schauspieler trugen politische und private Gedichte von ihm vor.[343] Das Alter machte sich jetzt bei ihm bemerkbar: Schon mit Anfang Fünfzig hatte er keinen Zahn mehr im Oberkiefer gehabt – er war morgens über einen Kieshaufen gefallen und hatte sich alle Brücken demoliert und die verbliebenen Zähne ausgeschlagen. Monatelang dauerte die Behandlung beim Zahnarzt, während der er sich von Sekt und Suppen ernährte – was zur Folge hatte, dass er Sekt und Champagner nicht mehr vertrug und auf Bier und Whisky umstieg.

---

[342] Hermann Kesten, zit. nach Luiselotte Enderle, Erich Kästner, a. a. O., 120f.
[343] Unter den zahlreichen Gratulanten befand sich auch Theodor Heuss (1884-1963), von 1949 bis 1959 erster Bundespräsident der Bundesrepublik Deutschland, vgl. Luiselotte Enderle, Erich Kästner, a. a. O., 141.

Zehn Jahre später beschrieb der nun fast Siebzigjährige seinen politischen Standpunkt so: „Ich hasse Ideologien, welcher Art sie immer sein mögen. Ich bin ein überzeugter Individualist. Ich freue mich über alle sozialen Fortschritte... Darüber hinaus bin ich ein Linksliberaler, was es heute eigentlich gar nicht mehr gibt. Und ich bin Mitglied einer Partei, die es ebenfalls nicht gibt, denn wenn es sie gäbe, wäre ich nicht ihr Mitglied."[344] 1961 erlitt er einen Zusammenbruch, der vermutlich auch seiner privaten Situation geschuldet war: Luiselotte Enderle, nach Aussagen von Zeitzeugen eine hysterische Persönlichkeit, die manchmal bis zur Bewusstlosigkeit trank, sah ihre Rolle als `Frau Kästner´, als die sie sich in der Regel selbst vorstellte, durch Friedel Siebert gefährdet. Sie hatte zeitlebens darunter gelitten, dass Kästner sie nicht geheiratet hatte und machte ihm nun die Hölle heiß. Aus Eifersucht wurde sie zur Furie – nicht auf die Mutter, sondern auf das Kind, weil Kästner ein gemeinsames Kind mit ihr stets abgelehnt hatte. Die jahrelang Hintergangene zertrümmerte das Mobiliar der Wohnung und schreckte auch nicht davor zurück, gewalttätig gegenüber Kästner zu werden. Dieser schaffte es nicht, sich aus eigener Kraft von ihr zu befreien – teils aus Dankbarkeit, dass sie ihm in den letzten Kriegsmonaten das Leben gerettet hatte, teils aus langer Freundschaft heraus. Ende Oktober 1961 reiste er nach Wien zu einer Marathon-Lesung in der Wiener Stadthalle: An vier aufeinanderfolgenden Abenden las er vor jeweils über

---

[344] Erich Kästner, Interview mit Adelbert Reif zum 70. Geburtstag, in: Die Tat v. 22.2.1969, hier zit. nach Sven Hanuschek, Keiner blickt, a. a. O., 403.

4000 Zuhörerinnen und Zuhörern. Die Lesung überstand er nur mit Schmerztabletten. Untersuchungen in der Münchner Uniklinik ergaben, dass Kästner seit längerem an Ischias und an Tuberkulose erkrankt war, auch der Magen war in Mitleidenschaft gezogen; ein anderthalbjähriger Sanatoriumsaufenthalt in Agra oberhalb von Lugano im Tessin[345] schloss sich an. Liegekuren, Temperaturmessungen, Gewichtskontrollen, regelmäßige Untersuchungen bestimmten dort seinen Tag. Bestrebungen der Ärzte, den Lungenkranken von seiner Nikotinsucht zu befreien, widersetzte er sich allerdings erfolgreich.[346] Besuch erhielt er im Sanatorium von Luiselotte Enderle, Friedel Siebert und Thomas Kästner gleichermaßen; auch alte Freunde wie Hermann Kesten und Rudolf W. Leonhardt ließen sich blicken. Dazu muss man wissen: Das Leben im Sanatorium unterschied sich in dieser Zeit nur unwesentlich von dem Leben in einem Grandhotel. Es gelang Kästner, einen Tagesrhythmus zu finden und sich selbst eine Struktur zu geben. Er schaffte es darüber hinaus, auch zu arbeiten,

---

[345] In der Lungenheilanstalt ´Das Deutsche Haus´ hielten sich in den 1930er Jahren Prominente wie Bertolt Brecht und dessen Freundin Margarete Steffin (1908-1941) auf. Kästner publizierte seine Reflexionen über den Aufenthalt 1955 unter dem Titel ´Briefe aus dem Tessin´. Nachdem der Chefarzt der Klinik, Hanns Alexander, die Hakenkreuzfahne auf dem Sanatorium gehisst, Hitler-Bilder aufgehängt, Juden nicht mehr behandelt und mit Duldung der schweizerischen Behörden eine NSDAP-Ortsgruppe in Agra gegründet hatte, was eine Polarisation unter den Patienten, Mitarbeiterinnen und Mitarbeitern sowie den Bürgern nach sich zog, konnte sich die Klinik nach 1945 nicht mehr von dem schlechten Image erholen und wurde 1969 geschlossen. Nach Verkauf und Sanierung im Jahre 2012 heißt das ´Deutsche Haus´ ´Resort Collina d´Oro´: https://www.flickr.com/photos/rs-foto/sets/72157601606786661/ (aufgerufen am 17.6.2019).
[346] Vgl. weiterführend Helga Bemmann, Erich Kästner, a. a. O., 352-360.

wie immer gerne in Cafés: im Café Ristorante `San Gottardo´ (`bei Toni´) in Agra oder in Lugano im Kursaal, einem Café im Stil der alten Grandhotels mit einer großen Terrasse.[347] Dort war er bald bei den Kellnern persönlich bekannt; ohne zu bestellen, servierten sie ihm, wenn er zu Gast war, automatisch seinen als Tee getarnten Whisky im Teeglas, dazu Zigaretten. Von Agra aus machte er sich selbst auch zu Besuchen auf, beispielsweise zu Hermann Hesse, der in dieser Zeit ganz in der Nähe, nämlich in Montagnola, wohnte. Allmählich gelangte der `Liegekurfürst´, wie er sich selbst ironisch nannte, wieder zu Kräften.[348] Am 18. August 1964 wurde er von den Ärzten entlassen und kehrte nach München zurück. Friedel Siebert war inzwischen mit ihrem Sohn nach Berlin gezogen. Dort teilte Erich Kästner von 1964 bis 1969 das Leben mit seiner Familie, zunächst in Dahlem, dann in Hermsdorf. Er hatte in Berlin einen offiziell angemeldeten Zweitwohnsitz. Unterdessen lebte er auch wieder mit Luiselotte Enderle zusammen, in seiner Münchner Villa mit dem riesigen Grundstück am Herzogpark, das er wie ein Gärtner hegte und pflegte. Die Abmachung, an die sich Kästner genau hielt, war: fünf Wochen Berlin, dann wieder ein Monat München. Anlässlich seines 65. Geburtstages erreichten den Jubilar viele Ehrungen. Er beschäftigte sich intensiv mit der Zusammenstellung seiner Werke, die dann in Form

---

[347] Hier entstehen verschiedene Arbeiten für den Film, für die Bühne und zwei Kinderbücher, vgl. Sven Hanuschek, Keiner blickt, a. a. O., 412ff.
[348] Vgl. dazu Erich Kästner, Briefe aus dem Tessin, Zürich 1977.

von ʻKästner für Erwachseneʻ[349] erschienen, schrieb viele Vorworte für Bücher von Freunden wie James Krüss[350], hielt Festreden en masse, wie beispielsweise eine Ansprache auf Thornton Wilder[351], gratulierte zu runden Geburtstagen oder begrüßte das erste Heft des Satiremagazins ʻpardonʻ[352] (1962). Seine letzte Rede hielt er am 15. März 1970 anlässlich der Eröffnung einer Buchausstellung der BʼnaiBʼrith-Loge[353] über die ʻJüdische Literatur deutscher Sprache seit 1933ʻ.

Mitte der fünfziger Jahre war Kästner zu altem Ruhm zurückgelangt. Er engagierte sich zudem zunehmend politisch: Er protestierte gegen die Einführung eines ʻGesetzes über die Verbreitung jugendgefährdender Schriftenʻ (1953), weil es es als Einschränkung der Pressefreiheit durch den Staat sah, sprach sich 1960 gegen eine geplante Verjährung von Nazi-Verbrechen aus, protestierte

---

[349] Vgl. die neu aufgelegte vierbändige Ausgabe Erich Kästner, Kästner für Erwachsene, Zürich 2005.

[350] Der von Helgoland stammende deutsche Dichter und Schriftsteller James Krüss (1926-1997) wollte ursprünglich Lehrer werden. Es kam anders: Ab 1951 schrieb er erfolgreich Hörspiele für Kinder und veröffentlichte Kinderbuchliteratur wie ʻHenriette Bimmelbahnʻ (1957). Er starb auf Gran Canaria; seinem Wunsch entsprechend erhielt er eine Seebestattung vor Helgoland.

[351] Der US-amerikanische Schriftsteller Thornton Wilder (1897-1975) war mehrfacher Pulitzer-Preisträger. Zu seinen bekanntesten Werken gehören ʻUnsere kleine Stadtʻ (1938) und ʻWir sind noch einmal davongekommenʻ (1942).

[352] Die deutsche Satirezeitschrift ʻpardonʻ erschien zweiwöchentlich von 1962 bis 1982. Schon relativ früh wandte sich ʻpardonʻ dem Thema Ökologie zu. 1979 gründeten ʻpardonʻ-Mitarbeiter das Konkurrenz-Magazin ʻTitanicʻ. 2012 erschien eine einmalige Wiederauflage der Zeitschrift.

[353] BʼnaiBʼrith (hebr.: ʻSöhne des Bundesʻ) ist eine 1843 gegründete Loge, deren Mitglieder sich der Toleranz, der Humanität und der Wohlfahrt verpflichtet wissen sowie über das Judentum aufklären. Derzeit gibt es ca. 500000 Mitglieder in ca. 60 Staaten: http://www.bnaibrith.org/ (aufgerufen am 25.6.2019).

gegen die Durchsuchungen und Verhaftungen von Journalisten im Zusammenhang der SPIEGEL-Affäre[354], nahm Stellung gegen den Vietnamkrieg und protestierte 1965 gegen eine von den Düsseldorfer Behörden genehmigte Bücherverbrennung durch Mitglieder des ´Evangelischen Jugendbundes für entschiedenes Christentum´[355]. Er besuchte Kästner-Ausstellungen in Stockholm, Kopenhagen (1966), London und Den Haag (1967), ließ sich dort zu Lesungen aus seinen Büchern überreden und schrieb Autogramme. 1968 erhielt er den ´Lessing-Ring´, den Literaturpreis der Deutschen Freimaurer. Ehrenmitgliedschaften schlossen sich an, u. a. in der ´Internationalen Jugendbibliothek´ in München und in der ´Wilhelm-Busch-Gesellschaft´ [356] in Hannover. Seinen siebzigsten Geburtstag

---

[354] Mitarbeiter des Hamburger Nachrichtenmagazins sahen sich 1962 wegen eines kritischen Artikels der Strafverfolgung wegen angeblichen Landesverrats ausgesetzt. Mehrere SPIEGEL-Redakteure wurden verhaftet, ferner SPIEGEL-Herausgeber und Chefredakteur Rudolf Augstein (1923-2002). Damals wurden Parallelen zum ´Weltbühne´-Prozess und Carl von Ossietzky gezogen. Die Affäre weitete sich zu einer Regierungskrise aus. Am Ende siegte die Pressefreiheit.

[355] Auf dem Scheiterhaufen landeten diesmal Kästners ´Herz auf Taille´ und Bücher von Albert Camus (1913-1960), Vladimir Nabokov (1899-1977) und Günter Grass (1927-2015). Der ´Jugendbund für entschiedenes Christentum´ geht auf eine US-amerikanische evangelikale Gründung im Jahr 1881 zurück; in Deutschland wurde der militantevangelikale Bund 1894 gegründet. Er heißt heute ´Entschieden für Christus´ (EC) und ist Mitglied des ´Bundesverbandes Kulturarbeit in der evangelischen Jugend e. V., online: https://www.ec-jugend.de/ (aufgerufen am 26.6.2019). Zur besagten Bücherverbrennung vgl. DER SPIEGEL v. 20.10.1965, online zugänglich unter: https://www.spiegel.de/spiegel/print/d-46274664.html und DIE ZEIT v. 15.10.1965, online zugänglich unter: https://www.zeit.de/1965/42/ein-licht-ins-dunkle-deutsche-land (beide links aufgerufen am 26.6.2019). Vgl. dazu Kästner selbst: Lesestoff, Zündstoff, Brennstoff, in: Erich Kästner Werke, VI, 587-590, und sein Biograph Klaus Kordon, Die Zeit ist kaputt, a. a. O., 206ff.

[356] Die in Hannover ansässige Gesellschaft, die 1930 gegründet wurde, widmet sich dem Leben und Werk des deutschen Humoristen und Dichters Wilhelm Busch (1832-1908).

1969 feierte Kästner, aus dem Literaturbetrieb völlig zurückgezogen, in Berlin am Waldsee. Schreibblockaden quälten ihn, der Whisky wurde zunehmend zum Problem[357]. Moralisch und künstlerisch ramponiert, gesundheitlich seit Jahren angeschlagen, sah sich der melancholisch gewordene alte Dichter selbst „als Schriftsteller im Ruhestand, ein Denkmal seiner selbst, immer rückhaltloser in sich versunken."[358] 1970 wurde ihm der `Kulturelle Ehrenpreis der Stadt München´ verliehen, vier Jahre später die `Goldene Ehrenmünze der Stadt München´. Kurz vor seinem 70. Geburtstag hatte Kästner sein Testament geändert: Nicht mehr Luiselotte Enderle war nun die alleinige Begünstigte, sondern Friedel Siebert und ihr gemeinsamer Sohn Thomas Kästner.[359] Kästners Sohn hielt nach der Trennung der Eltern den Kontakt zu seinem Vater, besuchte ihn auch noch mehrmals in den Sommerferien. Luiselotte Enderle – sie wurde 83 Jahre alt und überlebte ihre fast zwanzig Jahre jüngere Konkurrentin – quartierte ihn dann nicht bei sich in der Flemingstraße ein, sondern mietete für ihn ein Zimmer in Unterföhring an, etwa eine halbe

---

[357] So auch Literaturpapst Marcel Reich-Ranicki, in der Sendung `Lauter schwierige Patienten´, online zugänglich unter: https://www.youtube.com/watch?v=O1lr9WOcQlE (aufgerufen am 22.6.2019).
[358] Sven Hanuschek, Erich Kästner, a. a. O., 134. Kästners inzwischen ebenfalls verstorbener Freund Rudolf Walter Leonhardt schrieb dagegen in einer Rezension für `DIE ZEIT´ im Blick auf Kästners Verarbeitung seiner Erfahrungen im Nationalsozialismus: „Dabei ist es falsch, den 66jährigen als alten Tattergreis zu sehen. Viele Abende haben mich vom Gegenteil überzeugt. Er war auch kein bißchen mental reduziert" (Rudolf Walther Leonhardt, Kinder, Frauen, Detektive. Was gibt´s Neues zum 100. Geburtstag? Noch drei Kästner-Biographien, in: DIE ZEIT v. 14.1.1999.
[359] Zu den näheren Vereinbarungen vgl. Sven Hanuschek, Keiner blickt, a. a. O., 429f.

Stunde zu Fuß entfernt. An der 75. Geburtstagsfeier seines Vaters war Thomas Kästner dabei – durfte allerdings in keinem Zeitungsartikel erwähnt werden. Erich Kästner ging es zu diesem Zeitpunkt schon sehr schlecht: Er war abgemagert und aufgedunsen. Gelegentlich war er noch Stammgast im Café Leopold, wo er schweigend trank und oft nachmittags schon alkoholisiert war. Sein Gebiss legte er hin und wieder sorgfältig in der Mitte des Tisches ab. Schon lange über Appetitlosigkeit, Mattigkeit und Schluckbeschwerden klagend, ernährte sich der sparsame Esser von Suppe, Fleischbrühe, Tartar, Eis, Obstsäften und – Whisky.

Am 29. Juli 1974 um 6.35 Uhr morgens starb Erich Kästner im Alter von 75 Jahren im Klinikum Neuperlach, in das man ihn vier Tage zuvor wegen bedrohlicher Kreislaufbeschwerden eingeliefert hatte, an den Folgen von Speiseröhrenkrebs. Seine Urne wurde auf dem kleinen Prominentenfriedhof St. Georg in München-Bogenhausen zu den Walzerklängen des `Rosenkavaliers´[360] von Richard Strauss[361], wie er es sich gewünscht hatte, im kleinen Kreise beigesetzt.[362] Kränze kamen von seiner Sekretärin,

---

[360] Hier eine YouTube-Aufnahme von Leonard Bernstein (1918-1990) und dem New York Philharmonic Orchestra aus dem Jahr 1967: https://www.youtube.com/watch?v=qhe8gZtRAIA (aufgerufen am 27.6.2019).
[361] Der deutsche Komponist Richard Strauss (1864-1949), von 1933 bis 1935 Präsident der Reichsmusikkammer, wurde vor allem für seine orchestrale Programmmusik, sein Liedschaffen und seine Opern bekannt. Obwohl Strauß zeitweise bei den Nazis in Ungnade gefallen war, setzte Hitler ihn nicht nur auf die `Gottbegnadenliste´, sondern auf die Sonderliste der drei wichtigsten Musiker im sog. `Dritten Reich´.
[362] Allerdings kamen die Töne aus einem tragbaren Kassettenrekorder, vgl. weiterführend Sven Hanuschek, Erich Kästner, a. a. O., 135.

seinen Verlegern, der Israelitischen Kultusgemeinde München, den Akademien und dem PEN, den Städten München und Darmstadt, von Willy Brandt [363] und Helmut Schmidt[364]. Thomas Kästner trat auf der Beerdigung seines Vaters zum ersten Mal öffentlich in Erscheinung.

1982 gab es in der literarischen Szene in Deutschland eine Überraschung. In einem Interview bestätigte Thomas Kästner gegenüber dem Kabarettisten Werner Schneyder[365] das bis dahin – Luiselotte Enderle zufolge – am besten gehütete „Familiengeheimnis"[366]: Sein Vater, der bekannte Kinderbuchautor, sollte *nicht* der leibliche Sohn des Sattlermeisters Emil Kästner sein, sondern der „Sohn des Hausarztes der Eltern, des Sanitätsrates Dr. Zimmermann."[367] Dieser Dr. Emil Zimmermann war Jude, der

---

[363] Der Sozialdemokrat Willy Brandt (eigentlich Herbert Frahm, 1913-1992) emigrierte vor den Nazis nach Skandinavien und leistete dort im Untergrund Widerstand gegen den Nationalsozialismus. Unter anderem organisierte er die erfolgreiche internationale Kampagne zur Verleihung des Friedensnobelpreises an Carl von Ossietzky, der im KZ inhaftiert war. Der vielfach geehrte Willy Brandt war später Journalist, SPD-Parteivorsitzender, Regierender Bürgermeister von Berlin, Außenminister, der vierte Bundeskanzler der Bundesrepublik Deutschland und Präsident der Sozialistischen Internationalen. 1971 erhielt er den Friedensnobelpreis.

[364] Der SPD-Politiker Helmut Schmidt (1918-2015), u. a. durch 24 Ehrendoktorgrade geehrt, war von 1974 bis 1982 der fünfte Bundeskanzler der Bundesrepublik Deutschland.

[365] Dr. Werner Schneyder (1937-2019) war ein vielfach ausgezeichneter und geehrter österreichischer Kabarettist, Autor, Schauspieler, Regisseur, Boxkampfrichter und Sportjournalist.

[366] Luiselotte Enderle, Erich Kästner, a. a. O., 140.

[367] Werner Schneyder, Erich Kästner – ein brauchbarer Autor (Kindlers Literarische Portraits, mit einem Bildteil von 76 Seiten), München 1982, 19.

rechtzeitig nach Südamerika emigriert war.[368] Den Kästner-Biographen Franz Josef Görtz und Hans Sarkowicz zufolge, die von einer klaren Vaterschaft Emil Zimmermanns ausgehen,[369] kursierte das Gerücht schon zu Zeiten von Kästners Kindheit in der Dresdner Neustadt.[370] Dann wäre Kästner von der rassistischen Nazi-Gesetzgebung, Kind eines jüdischen Vaters und einer ʿarischenʾ Mutter, als sog. ʿHalbjudeʾ klassifiziert worden – was den genannten beiden Biographen zufolge vielleicht nicht Deportation und Ermordung nach sich gezogen hätte (wahrscheinlich aber doch, TOHK), mit Sicherheit aber Einschränkungen in Privatleben und Beruf zur Folge gehabt hätte.[371] Einige Kästner-Biographinnen und Biographen wie Isa Schikorsky folgen dieser Hypothese[372]; andere wie Sven Hanuschek halten diese Herkunftsgeschichte für ein bloßes Gerücht, da nichts Schriftliches beweise, dass Emil Kästner nicht der Vater war.[373] Für andere wie für Helga Bemmann ist es „letztlich ohne Belang"[374].

---

[368] Vergleicht man die Fotos von Emil Zimmermann (1864-1953) mit Erich Kästner, so ist die Ähnlichkeit, insbesondere die Augenpartie, frappant: https://www.geni.com/people/Dr-med-Emil-Zimmermann/6000000016372812734 (aufgerufen am 13.6.2019).
[369] Vgl. weiterführend Franz Josef Görtz/Hans Sarkowicz, Erich Kästner, a. a. O., 150-162.
[370] Vgl. Franz Josef Görtz/Hans Sarkowicz, Erich Kästner, a. a. O., 13f. Beide gehen davon aus, dass Sanitätsrat Emil Zimmermann Kästners leiblicher Vater war, den Erich Kästner in seinen Kindheitserinnerungen als liebenswürdigen väterlichen Freund beschreibt.
[371] Nach jüdischer Regelung ist nur der ein Jude, der eine jüdische Mutter hat. Kästner, Sohn einer evangelischen Mutter und – vermutlich – eines jüdischen Vaters und evangelisch getauft, war demnach kein Jude.
[372] Vgl. Isa Schikorsky, Erich Kästner, a. a. O., 10.
[373] Vgl. Sven Hanuschek, Erich Kästner, a. a. O., 14, und ders., Keiner blickt, a. a. O., 32f.
[374] Helga Bemmann, Erich Kästner, a. a. O., 65.

Ausblick

„Halb ein Bürgerschreck und halb ein erschrockener Bürger"[375] ist Erich Kästner genannt worden. Auch von einem „Schulmeister"[376] und darüber hinaus von einem `humorvollen Schulmeister´[377] ist die Rede gewesen. Für mich bleibt Erich Kästner wie für den Kästner-Experten Sven Hanuschek „einer der ganz großen Stilisten deutscher Sprache"[378], der, ganz ähnlich wie Bertolt Brecht, inzwischen längst zu einem deutschen Literatur-Klassiker geworden ist. Kästner ist nicht allein der Dichter von Kinderbüchern: Dem Moralisten, Satiriker, Romancier, Gebrauchslyriker, Journalisten, Kritiker, Radio-Essayisten, Herausgeber, Kabarettisten und Schriftsteller ist es gelungen, mit seinen Werken für Erwachsene, seinen Gedichten oder Kabarett-Texten das Lebensgefühl seiner Generation und seiner Zeit gekonnt einzufangen.

Kästner hat nicht nur zu Lebzeiten, sondern auch nach seinem Tode viele Ehrungen erfahren: In Dresden gibt es

---

[375] So Robert Neumann in einer Parodie auf den Kästner der 1920er Jahre, hier zitiert nach: Klaus Kordon, Die Zeit ist kaputt, a. a. O., 79 (siehe auch Anmerkung 17 auf 217). Vgl. dazu auch Helga Bemmann, Erich Kästner, a. a. O., 206ff.
[376] Werner Schneyder, Erich Kästner, a. a. O., 27. So hatte sich Kästner selbst in seiner Rede vor dem Zürcher PEN-Club 1957 genannt.
[377] Kästner hat einige Humor-Anthologien herausgegeben, wie `Heiterkeit in Dur und Moll´ (1958), `Heiterkeit kennt keine Grenzen´ (1960), `Heiterkeit braucht keine Worte´ (1962) und `Heiterkeit in vielen Versen´ (1965).
[378] Sven Hanuschek, Über Kästner und die Bedeutung von Germanistik – Ein Interview mit Sven Hanuschek, zitiert nach: https://literaturgarage.de/interview-mit-sven-hanuschek/ (aufgerufen am 21.6.2019).

heute ein `Erich Kästner Denkmal´[379], mit dem die Stadt an ihren berühmten Sohn erinnert. Eine Briefmarke wurde ihm zu Ehren von der Deutschen Post herausgegeben.[380] 2004 wurde Kästner auf dem `Walk of Fame des Kabaretts´ mit einem Stern geehrt. Ein Asteroid[381] trägt seinen Namen. Etliche Schulen[382] und Straßen wurden nach ihm benannt. In Unterfranken existiert ein heilpädagogisch-therapeutisches Kinderheim, das `Erich Kästner Kinderdorf´[383]. Es gibt einen `Erich Kästner Preis´ der `Erich Kästner Gesellschaft´[384], mit dem jene Autoren geehrt werden, die „herausragende schriftstellerische Werke mit zeitkritischen Zügen"[385] veröffentlicht haben. Und es gibt

---

[379] Hier auf YouTube zu sehen: https://www.youtube.com/watch?v=I5NdqOA0BDI (aufgerufen am 24.6.2019).
[380] Anlässlich Kästners 100. Geburtstag erschien im Briefmarken-Jahrgang 1999 ein Sonderpostwertzeichen mit einem Motiv aus `Emil und die Detektive´ (Nennwert 3 DM, Michel-Nr. 2035).
[381] Gemeint ist der Asteroid 12318 Kastner.
[382] Es sind über 160 Schulen, wie z. B. die Erich-Kästner Schule Leipzig (kaestnerschule.de, aufgerufen am 23.6.2019), die in Deutschland seit 1965 nach Erich Kästner benannt sind. Eine der ersten war die Grundschule am Bachstelzenweg in Berlin-Dahlem. Von einer ursprünglich 2017 geplanten Benennung des neuen ICE 4 nach Erich Kästner sah die Bahn 2019 ab.
[383] https://erich-kaestner-kinderdorf.de/start.html (aufgerufen am 14.6.2019). Auf Wunsch von Luiselotte Enderle erbte das Kinderdorf das Inventar von Kästners letztem Wohnhaus. Kästners Brille, seine Schreibmaschine, seine Koffer, sein Hut und seine über 8000 Bücher umfassende Privatbibliothek mit Notizen Kästners und Widmungsexemplaren befindet sich heute in einer ehemaligen Mühle in Oberschwarzach bei Schweinfurt. Kästners Nachlass befindet sich im Deutschen Literaturarchiv in Marbach.
[384] http://erichkaestnergesellschaft.de/ (aufgerufen am 16.6.2019). Kästner-Preisträger 2018 war der Intendant und Mitbegründer der Dresdner Sinfoniker, Markus Rindt (geb. 1967).
[385] Zu den Preisträgern des heute mit 5000 € dotierten, in unregelmäßigen Abständen verliehenen Literaturpreises gehören 1979 Peter Rühmkorf (1929-2008), 1984 Loriot (Vicco von Bülow, 1923-2011), 1999 Robert Gernhardt (1937-2006), 2003 Tomi Ungerer (1931-2019), 2009 Andreas Steinhöfel (geb. 1962) und 2005 Felicitas Hoppe (geb. 1960).

einen `Erich Kästner-Preis´ des Presseclubs Dresden, der jährlich an Persönlichkeiten verliehen wird, die sich um Toleranz, Humanität und Völkerverständigung verdient gemacht haben.[386] Kästners 100. Geburtstag – er wäre am 23. Februar 1999 wiedergekehrt – wurde festlich begangen.[387] Aus diesem Anlass heraus gab es Ausstellungen[388] und auf `arte´ einen Themenabend.[389] In den auf diesen Geburtstag folgenden Jahren kam es immer wieder vereinzelt zu Neuauflagen seiner Bücher[390] und zu Verfilmungen seiner Werke oder Dokus über sein Leben und

---

[386] Dieser vom Presseclub Dresden e. V. vergebene Preis ist mit 10000 € dotiert. Zu seinen Preisträgern gehören u. a. 1994 Ignatz Bubis (1927-1999), 1996 Marion Gräfin Dönhoff (1909-2002), 1998 Rupert Neudeck (1939-2016) und 2004 Hans-Dietrich Genscher (1927-2016).

[387] Vgl. dazu Sigrid Olschewski, Lyrik und Prosa für den täglichen Gebrauch. Der Schriftsteller und `gekränkte Idylliker´ Erich Kästner wurde vor 100 Jahren geboren, in: epd-wochenspiegel 8/1999, 24 und https://literaturkritik.de/id/4190 (aufgerufen am 35.6.2019).

[388] Exemplarisch sei die Kästner-Ausstellung in Nachbarschaft zum Berliner Opernplatz erwähnt, auf dem Kästner am 10.5.1933 der Verbrennung seiner Bücher durch die Nazis zusah. Sie wurde anschließend vom 1.7.-31.10.1999 im Münchner Stadtmuseum gezeigt. Im Berliner Heimatmuseum Reinickendorf, Alt-Hermsdorf fand vom 29.4.-7.9.2014 die Ausstellung `Ich kam zur Welt und lebe trotzdem weiter´ statt. Im Literaturhaus München wurde vom 24.9.2015-14.2.2016 die Ausstellung `Gestatten, Kästner´ gezeigt.

[389] Gezeigt wurden `Emil und die Detektive´ (1954), die Dokumentarfilme von Siegfried Schneider, `Die Geschichte eines lächelnden Moralisten´ von 1999 (online hier zu sehen: https://www.youtube.com/watch?v=5kJaMbrvE0w, aufgerufen am 20.6.2019) und von Heinrich Breloer `Das verlorene Gesicht´ (1986), ferner gab es Infos zu Kästners Leben und Werk und aktuelle Buchtipps. Das genaue Programm befindet sich hier: https://groups.google.com/forum/#!topic/cl.kultur.allgemein/aB2ddeHA_fg (aufgerufen am 20.6.2019). Auch Zeitungsartikel, die sich mit Kästners Überleben im NS-Staat beschäftigen, erschienen, beispielsweise von Arna Vogel, Die kleine Freiheit, in: Deutsches Allgemeines Sonntagsblatt Nr. 8. v. 19. Februar 1999, 29, und Michael Bienert, Erich und die Dresdner Neustadt, in: DIE ZEIT Nr. 9 v. 25.2.1999, 59.

[390] Vgl. beispielsweise Erich Kästner, Der Gang vor die Hunde, hg. v. Sven Hanuschek, Zürich 2013, ⁶2018, und Erich Kästner, Der Herr aus Glas. Erzählungen, hg. v. Sven Hanuschek, Zürich 2015, sowie Erich Kästner, Emil und die Detektive, Zürich 2018.

Werk.[391] Im Jahr 2015 wurde in München der `Förderverein Erich Kästner Forschung e.V.´ gegründet, der sich seither der wissenschaftlichen und kulturellen Pflege von Kästners Leben, Werk und Wirkung widmet und Tagungen, Vorträge, Workshops und kulturelle Veranstaltungen organisiert. Kästner sah sich immer der Aufklärung verpflichtet, wie er einst sagte, der Aufrichtigkeit des Empfindens, der Klarheit des Denkens und der Einfachheit in Wort und Satz. Er hat uns vermutlich deshalb auch heute noch etwas zu sagen: Obwohl sie zum Teil über 80 Jahre alt sind, empfinden wir seine Texte als frisch und seine Themen als aktuell: die Auswüchse der modernen Gesellschaft und die Stellung des Individuums in ihr, der Kampf gegen den Militarismus und die Warnung vor der Selbstzerstörung der Menschheit, die Stärkung der Position der Kinder und Jugendlichen gegenüber den Erwachsenen. Würde Kästner heute leben, da bin ich mir sicher, würde

---

[391] Wie z. B. `Erich Kästner – das andere Ich´. Dokumentarfilm mit szenischer Dokumentation, Deutschland 2016 (Buch und Regie: Annette Baumeister), Erstsendung bei arte am 31.12.2016, oder `Kästner und der kleine Dienstag´, Deutschland 2016 (Buch: Dorothee Schön, geb. 1961; Regie: Wolfgang Murnberger, geb. 1960): https://www.youtube.com/watch?v=IvbNZze3DZk (aufgerufen am 21.6.2019). Der Film, ein deutsch-österreichischer Spielfilm, handelt von Erich Kästner und den ihn verehrenden Kinderdarsteller Hans Albrecht Löhr, der im Film `Emil und die Detektive´ von 1931 als `der kleine Dienstag´ mitspielte. Das Drehbuch, das auf einer wahren Begebenheit beruht, stammt von Dorothee Schön (geb. 1961); Eine Zusammenstellung von Kästners Filmen findet sich online: http://www.ekg-eislingen.de/index.php?id=136 (aufgerufen am 25.6.2019).

er Greta Thunberg[392] und die Bewegung ´Fridays for Future´[393] unterstützen, weil sich darin seine Überzeugung widerspiegelt: Kinder demonstrieren Vernunft. Sie dürfen protestieren und wissen mehr als die Erwachsenen, weil sie sich für die Werte Ehrlichkeit, Anständigkeit und Gerechtigkeit einsetzen. Gemeinsam können sie etwas gegen die unvernünftigen Erwachsenen ausrichten, denn im Unterschied zu ihnen bewahren sie sich den Glauben an eine menschenwürdige Welt.

Aber: Man hat Kästner auch den ´Heinz Rühmann der Literatur´[394] genannt – deshalb, weil er als Konformist mit

---

[392] Greta Thunberg (geb. 2003) ist eine schwedische Klimaschutz-Aktivistin, die für ihre Schulstreiks für das Klima international bekannt geworden ist. Erstmals verweigerte sie 2018 den Unterrichtsbesuch und demonstrierte drei Wochen lang täglich vor dem schwedischen Parlament. Ziel ihres Protests war, dass Schweden seine Klimapolitik entsprechend den Grundsätzen des Pariser Klimaabkommens umsetzen sollte. Weltweit taten es ihr Jugendliche vor allem in den Industriestaaten seitdem gleich. Kontrovers diskutiert wird ihre Idee, für den Klimaschutz dem Schulunterricht fernzubleiben. Thunberg gehört zu den einflussreichsten Persönlichkeiten des Jahres 2019. Greta Thunberg allerdings mit Jesus zu vergleichen – im Vergleich, den der römisch-katholische Erzbischof von Berlin, Heiner Koch (geb. 1954), am Palmsonntag 2019 wagte –, empfinde ich als über das Ziel hinausgeschossen. Der protestantische Pfarrer Clemens Bittlinger schrieb für Greta Thunberg ein eigenes Lied: https://www.youtube.com/watch?v=pDhHkwKhBdE (aufgerufen am 20.4.2019). Der Fensehmoderator, Schauspieler und Sänger Klaas Heufer-Umlauf (geb. 1983) widmete der Thematik ebenfalls einen Song, ´Klaas feat. Clan Allstars – Clans For Future´: https://www.youtube.com/watch?v=h2VNNfbqGAw&app=desktop (aufgerufen am 19.4.2019).

[393] Die Bewegung, die versucht, Angst in zukunftsorientiertes Handeln umzusetzen, wird von Nichtregierungsorganisationen wie ´Greenpeace´ unterstützt: https://fridaysforfuture.de/allefuersklima/#post-18396 (aufgerufen am 11.9.2019).

[394] Heinz Rühmann (1902-1994), einer der populärsten Schauspieler des 20. Jahrhunderts, legte eine steile Karriere im ´Dritten Reich´ hin. Er wirkte zwischen 1933 und 1945 in 37 Filmen mit, in denen er in der Regel die Rolle des komödiantischen verschmitzten ´kleinen Mannes´ spielte, und führte bei vier weiteren Filmen Regie (u. a. für einen UfA-´Geburtstagsfilm´ für Goebbels). Rühmann drehte weniger plumpe, direkte Propagandafilme, sondern eher harmlose Musikkomödien (´Ein Freund, ein guter Freund´, ´Das kann doch einen Seemann nicht erschüttern´, ´Ich brech´ die Herzen der stolzesten Frau´n´), die allerdings auch ideologische Botschaften des NS-Systems transportierten und zu dessen Stabilisierung beitrugen. Zu den bekanntesten Rollen Rühmanns gehört

den Mächtigen zusammengearbeitet hat und letztlich persönlich vom System profitiert hat. Der Vergleich ist berechtigt, und auch die grundsätzliche Frage, die dahintersteht: War Erich Kästner ein Karrierist und Opportunist oder zählte er zu den Gegnern des Nationalsozialismus? Anders als Heinz Rühmann bleibt Erich Kästner eine facettenreiche Persönlichkeit voller Widersprüche, dem die Alliierten nach dem Krieg eine aktive Mitwirkung nicht nachweisen konnten: Kästner stand nicht wie Rühmann auf der `Gottbegnadetenliste´ Hitlers, wurde nicht wie Rühmann persönlich von Hitler ausgezeichnet und erhielt nicht wie Rühmann jährliche Sonderzahlungen aus dessen Geheimfonds. Er pflegte, anders als Rühmann, auch keinen engen privaten Kontakt zu Goebbels oder begegnete, wie Rühmann, Hitler persönlich. Kästner duckte sich weg in der NS-Zeit, er überwinterte, erzählte harmlose, unpolitische Geschichten, ging in die `innere Emigration´. Es bleibt ein Rätsel, warum jemand, der in der Weimarer Republik so entschieden und so exponiert gegen den Nationalsozialismus gekämpft hatte und aus seiner Gegnerschaft zu den Nazis nie einen Hehl gemacht hatte sowie

---

die des `Hans´ in dem Film `Die Drei von der Tankstelle´ (1930) und des `Pfeiffers mit 3 f´ in der `Feuerzangenbowle´ (1944). Rühmann war ein begeisterter Hobbypilot, der sich durch seine hohen Gagen das teure Hobby und ein Flugzeug leisten konnte. Er war ein großer Bewunderer und Freund Ernst Udets (1896-1941), der als Jagdfliegerpilot im Ersten Weltkrieg die höchste Zahl feindlicher Abschüsse unter den deutschen Piloten erzielte, im NS-Staat zuletzt erfolglos als Generaloberst wirkte, drogenabhängig war und Suizid verübte. Rühmann gelang es nach einem kurzen Auftrittsverbot und einer sog. `Entnazifizierung´, wie Kästner in der Nachkriegszeit an frühe Erfolge anzuknüpfen, wie z. B. mit `Der Hauptmann von Köpenick´, vgl. weiterführend und kritisch Torsten Körner, Der kleine Mann als Star. Heinz Rühmann und seine Filme der 50er Jahre. Mit einem Vorwort von Reinhard Baumgart, FfM/New York 2001 (diss. phil.).

ein bekennender Antimilitarist und Antifaschist war – ein ´aggressiver Zeitkritiker´[395] –, später so einknickte und sogar mit dem NS-Terrorregime kooperierte und damit das System bestärkte – denkt man nicht nur an seinen Verbleib in Nazi-Deutschland[396], sondern auch an seine Mitwirkung am Propagandafilm ´Münchhausen´ und an der harmlosen Komödie ´Die Feuerzangenbowle´. Es bleibt ferner ein Rätsel, wie Kästner nach 1945, „nach den Jahren entwürdigender Tarnung, kastrierter Schreibarbeit"[397], und in Zeiten des Kalten Krieges wieder zu Ehren gelangen konnte – so, als hätte es die Millionen Opfer des Zweiten Weltkriegs und sechs Millionen ermordeter Juden nicht gegeben.

Bei allen kritischen Einwänden lässt sich aber auch festhalten: Erich Kästner gehört zu denjenigen, die zweifelsohne etwas aus dem Nationalsozialismus gelernt haben. Kästner war sich nach dem Krieg bewusst, Schuld auf sich geladen zu haben – sich zu sehr verbogen zu haben, nicht aktiv Widerstand geleistet zu haben, als seine Freunde umgebracht wurden oder Suizid verübten und Juden und Regimegegner blutig verfolgt wurden. Kästner war sich dessen bewusst, Nutznießer des NS-Systems gewesen zu sein, indem er sich mit dem NS-System arrangiert und

---

[395] Vgl. Nachwort zu Erich Kästner, Interview mit dem Weihnachtsmann. Kindergeschichten für Erwachsene, a. a. O., 135f.

[396] Um es mit den Worten von Sven Hanuschek zu sagen: „Dennoch blieb er in Deutschland, eine damals wie heute nicht unmittelbar nachvollziehbare Entscheidung" (Sven Hanuschek, Kästners Kriegstagebücher. Eine Einführung, in: Erich Kästner, Das Blaue Buch, a. a. O., 7).

[397] Werner Schneyder, Erich Kästner, a. a. O., 23.

überdies vom ihm profitiert hatte.[398] Der späte, gegen die Remilitarisierung der Bundesrepublik Deutschland und atomare Aufrüstung demonstrierende Kästner hat seine Haltung im NS-Staat deutlich und öffentlich korrigiert.[399] Kästners Leben, seine Person und sein Werk sind vielschichtig, widersprüchlich, schillernd, fragwürdig und dunkel. Das macht eine Auseinandersetzung mit ihm heute reizvoll. Seine bleibenden Fragen an uns heute Lebende sind: Inwiefern dürfen Macht, Kunst und Literatur eine Liaison eingehen? Ist es legitim, in einem Unrechtssystem zu bleiben und bis zu einem gewissen Grad um des eigenen Überlebens willen auch systemstabilisierend mitzumachen? Oder sollte man nicht besser, falls man nicht in den Widerstand geht, das Land verlassen? Dem Skeptiker, der zeitweise am Abgrund geschrieben und mit dem Teufel einen Pakt geschlossen hat, haben wir in jedem Fall die Erkenntnis zu verdanken, gerade im Blick auf den gegenwärtig erstarkenden Nationalismus und Faschismus in Deutschland und in Europa, dass der ins Tal rollende Schnellball zertreten werden muss, bevor er eine Lawine auslöst – denn diese wird wieder niemand mehr in der Lage sein, aufzuhalten.[400] Zum Schluss soll Kästner selbst

---

[398] Vgl. dazu Sven Hanuschek, Erich Kästner, a. a. O., 133.
[399] In seiner Rede vor der Hamburger PEN-Tagung am 10. Mai 1958 hob Kästner hervor: „Weil keiner unter uns und überhaupt niemand die Mutfrage beantworten kann, bevor die Zumutung an ihn herantritt. Keiner weiß, ob er aus dem Stoffe gemacht ist, aus dem der entscheidende Augenblick Helden formt" (Erich Kästner, zit. nach Hans Josef Görtz/Hans Sarkowicz, Erich Kästner, a. a. O., 181).
[400] Kästner schrieb: „Die Ereignisse von 1933 bis 1945 hätten spätestens 1928 bekämpft werden müssen. Später war es zu spät. (...) Man darf nicht warten, bis der Freiheitskampf Landesverrat genannt wird. Man darf nicht warten, bis aus dem Schneeball

noch einmal zu Wort kommen, und zwar mit seinem Lebenslauf, den er selbst einmal in Versen zusammengestellt hat:

"Wer nicht zur Welt kommt, hat nicht viel verloren./Er sitzt im All auf einem Baum und lacht./Ich wurde seinerzeit als Kind geboren,/eh ich´s gedacht.//Die Schule, wo ich viel vergessen habe,/bestritt seitdem den größten Teil der Zeit./Ich war ein patentierter Musterknabe./Wie kam das bloß? Es tut mir jetzt noch leid.//Dann gab es Weltkrieg, statt der großen Ferien./Ich trieb es mit der Fussartillerie./Dem Globus lief das Blut aus den Arterien./Ich lebte weiter. Fragen Sie nicht, wie.//Bis dann die Inflation und Leipzig kamen;/mit Kant und Gotisch, Börse und Büro,/mit Kunst und Politik und jungen Damen./Und sonntags regnete es sowieso.//Nun bin ich zirka 31 Jahre/und habe eine kleine Versfabrik./Ach, an den Schläfen blühn schon graue Haare,/und meine Freunde werden langsam dick.//Ich setze mich sehr gerne zwischen Stühle./Ich säge an dem Ast, auf dem wir sitzen./Ich gehe durch die Gärten der Gefühle,/die tot sind, und bepflanze sie mit Witzen.//Auch ich muß meinen Rucksack selber tragen!/Der Rucksack wächst. Der Rücken wird nicht breiter/Zusammenfassend lässt sich etwa sagen:/Ich kam zur Welt und lebe trotzdem weiter."[401]

---

eine Lawine geworden ist. Man muss den rollenden Schneeball zertreten. Die Lawine hält keiner mehr auf" (Erich Kästner, Über das Verbrennen von Büchern, in: Erich Kästner Werke, VI, 638-647, Zitat auf 646). Das Zitat stammt aus Kästners Rede auf der Hamburger Tagung des PEN-Clubs aus Anlass der 25. Wiederkehr des Jahrestags der Bücherverbrennung (1958) und findet sich auch unter: https://www.bundestag.de/parlament/praesidium/reden/2013/006-255286 (aufgerufen am 22.6.2019).
[401] Erich Kästner, Kurzgefasster Lebenslauf, in: Erich Kästner Werke, I, 136.

Zeittafel

1899 23. Februar: Geburt Erich Kästners in Dresden.
1906 Einschulung in die IV. Bürgerschule in der Dresdner Tieckstraße (Volksschule).
1913 Konfirmation in der Dresdner Dreikönigskirche; Besuch des Freiherrlich von Fletscher'sche Lehrerseminars in Dresden.
1914 Urlaub an der Ostsee mit seiner Mutter und seiner Cousine Dora; Ausbruch des Ersten Weltkriegs; Rückreise nach Dresden.
1917 Einberufung zum Militär in den `einjährig-freiwilligen Dienst´ zur Fußartillerie, stationiert in Dresden.
1918 Herzneurose; Versetzung an die Artillerie-Messschule nach Köln-Wahn zur Fortsetzung seiner Ausbildung als Kanonier.
1919 Entlassung aus dem Militärdienst; Abschluss am Strehlener Lehrerseminar; Abitur mit Auszeichnung am König-Georg-Gymnasium in Dresden, einem Reform-Gymnasium; erste Gedichtveröffentlichung Kästners in der Schulzeitung; Goldenes Stipendium der Stadt Dresden; Bekanntschaft mit Ilse Julius-Beeks; zum Wintersemester Beginn des Studiums der Germanistik, der Geschichte, der Philosophie und der Theaterwissenschaften.
1921 Sommersemester in Rostock, im Wintersemester in Berlin.
1922 Studium in Leipzig; Famulus bei Prof. Dr. Albert Köster und Werkstudent.
1923 Beginn einer langjährigen Freundschaft mit Erich Ohser; Publikation von Gedichten und Prosa in Zeitungen und Zeitschriften.

1924 Anstellung als Redakteur bei der `Neuen Leipziger Zeitung´.

1925 Veröffentlichungen in `Vossische Zeitung´, `Berliner Tageblatt´, `Dresdener Neueste Nachrichten´, `Prager Tageblatt´, `Plauener Volkszeitung´, `Beyers für alle´, `Querschnitt´, `Die literarische Welt´; nach einer abgebrochenen Arbeit über Lessings `Hamburgische Dramaturgie´ neue Promotion bei Prof. Dr. Georg Witkowski.

1926 Wechsel ins politische Ressort der `Neuen Leipziger Zeitung´; Reise mit seiner Mutter in die Schweiz und nach Norditalien; Entlassung, zusammen mit dem Zeichner Erich Ohser, bei der `Neuen Leipziger Zeitung´; Trennung von Ilse Julius.

1927 Erste Veröffentlichung in der `Weltbühne´; erstes Buch: `Novellen und Märchen´ von Eduard Mörike (als Herausgeber); Bekanntschaft mit Luiselotte Enderle in Leipzig; Umzug nach Berlin; Beginn der Freundschaft mit Hermann Kesten; Theaterkritiker und freier Mitarbeiter u. a. für den `Montag Morgen´, die `Neue Leipziger Zeitung´ und den `Simplicissimus´.

1928 Kästners erstes Buch, der Gedichtband `Herz auf Taille´, erscheint; Bekanntschaft mit Walter Trier; Einstellung von Elfriede Mechnig (= `& Co´) als Sekretärin.

1929 Gedichtband `Lärm im Spiegel´ erscheint; im Mai Reise nach Paris mit Erich Ohser; erster Kinderroman `Emil und die Detektive´ erscheint, illustriert von Walter Trier (Oktober); Hörspiel `Leben in dieser Zeit´ mit Musik von Edmund Nick erscheint; regelmäßige Beiträge für Kabaretts; Bezug der ersten eigenen Wohnung in der Roscherstraße 16 in Berlin-Charlottenburg.

1930 Gedichtband `Ein Mann gibt Auskunft´ erscheint; Bühnenfassung von `Emil und die Detektive´ kommt heraus; 20.11.1930 erfolgreiche Premiere am `Theater am Schiffbauerdamm´ in Berlin; Drehbuch `Emil und die Detektive´ mit Emmerich Pressburger und Billie Wilder als Mitautoren (Regie: Gerhard Lamprecht); Veröffentlichung in `Junge deutsche Dichtung´, hg. v. K. Virneburg, und in `Das blaue Auge´, hg. v. Erich Knauf; Reise in die Sowjetunion; zweiwöchiger Urlaub am Lago Maggiore, zufällig gemeinsam mit Kurt Tucholsky.

1931 Roman `Fabian´ erscheint; Kinostart von `Emil und die Detektive´ Mitarbeit am Drehbuch `Das Ekel´ nach dem Bühnenstück `Der Igel´ von Hans Reimann und Toni Impekoven (Regie: Franz Wenzler); Songtexte zum Film `Die Koffer des Herrn O. F.´ (Regie: Alexis Granowsky); Kinderroman `Pünktchen und Anton´ erscheint; im Winter Versuch der Initiierung einer Winterhilfe-Aktion; Wahl in den PEN-Club; `Der 35. Mai´ und `Das verhexte Telefon´ mit Zeichnungen von Walter Trier erscheinen.

1932 Bühnenfassung `Pünktchen und Anton´ bei Max Reinhardt, Berlin; Gedichtband `Gesang zwischen den Stühlen´ erscheint; Veröffentlichung in `30 neue Erzähler des neuen Deutschland´, hg. v. Wieland Herzfelde.

1933 `Das fliegende Klassenzimmer´ erscheint; Anwesenheit bei der Bücherverbrennung am 10. Mai in Berlin; Publikationsverbot in Deutschland; erste Verhaftung und Verhör durch die Gestapo; Bekanntschaft mit der Schauspielerin Herti Kirchner.

1934 Roman `Drei Männer im Schnee´; `Das lebenslängliche Kind´ erscheint unter dem Pseudonym `Robert Neuner´.

1935 Kinderroman `Emil und die drei Zwillinge´ erscheint; der Film von `Emil und die Detektive´ kommt in Großbritannien (Regie: Milton Rosmer) heraus.

1936 Der Roman `Die verschwundene Miniatur´ und der Gedichtband `Erich Kästners lyrische Hausapotheke´ erscheinen; Reise nach Davos; Arbeit am Romanfragment `Der Zauberlehrling´; Verfilmung von `Drei Männer im Schnee´ erscheint in Schweden (Regie: Tancred Ibsen und Ragnar Arvedson); Veröffentlichung in `Modern German Verse; An Anthology´ in London.

1937 Zweite Verhaftung in Berlin durch die Gestapo; Reise nach Bad Reichenhall und dreiwöchiger Arbeitsaufenthalt mit Walter Trier in Salzburg.

1938 Roman `Georg und die Zwischenfälle´ (späterer Titel: `Der kleine Grenzverkehr´) erscheint; Nacherzählung `Till Eulenspiegel´; Verfilmung von `Drei Männer im Schnee´ in Amerika (`Paradise for three´, Regie: Edward Buzzell); Reise nach London zu Walter Trier.

1939 Arbeit am Romanfragment `Die Doppelgänger´; Tod Herti Kirchners durch einen Autounfall; Verfilmung von `Verwandte sind auch Menschen´ nach einem Bühnenstück von Eberhard Foerster alias Erich Kästner (Regie: Hans Deppe); Verhältnis mit Luiselotte Enderle.

1940 Komödienfragment `Chauvelin oder Lang lebe der König!´ erscheint; Verfilmung von `Frau nach Maß´ nach einem Bühnenstück von Eberhard Foerster alias Erich Kästner (Regie: Helmut Käutner); Uraufführung von `Das lebenslängliche Kind´ von Robert

Neuner alias Erich Kästner nach dem Roman `Drei Männer im Schnee´.

1941 Kästner führt Kriegstagebuch in Steno; Goebbels `genehmigt´ die Arbeit am `Münchhausen´; Niederschrift des Drehbuchs im Sommer.

1942 Sondergenehmigung der Reichsschrifttumskammer für Kästner wegen Arbeiten für die UfA; Drehbuch `Münchhausen´ zum Jubiläum der Ufa unter Pseudonym Berthold Bürger. Drehbuch für `Der kleine Grenzverkehr´ (Regisseur: Hans Deppe); Arbeit an `Das doppelte Lottchen´; Schreibverbot für Deutschland und das Ausland; Verfilmung von `Der Seniorchef´ nach der Komödie `Seine Majestät Gustav Krause´ von Eberhard Foerster alias Erich Kästner (Regie: Peter Paul Brauer); in schweizerischen Tageszeitungen erscheinen fälschlicherweise Nachrufe auf Kästner.

1943 Komödie `Zu treuen Händen´; Mitarbeit am Drehbuch `Ich vertraue Dir meine Frau an´ (Regie: Kurt Hoffmann); Uraufführung des Films `Münchhausen´ in Berlin (Regisseur: Josef von Baky); Verfilmung von `Der kleine Grenzverkehr´ (Regie: Hans Deppe); im März erscheint erstmals `Münchhausen´; endgültiges Publikationsverbot im In- und Ausland.

1944 Zerstörung von Kästners Wohnung durch einen Bombenangriff; Einzug bei Luiselotte Enderle in der Sybelstraße; Veröffentlichung in `Herz an der Rampe. Ausgewählte Chansons, Songs und Dichtungen ähnlicher Art´; Tod Erich Ohsers und Hinrichtung Erich Knaufs.

1945 im März mit UfA-Filmteam Harald Brauns aus dem zerbombten Berlin nach Mayrhofen (Zillertal, Tirol); Überwinterung dort; Veröffentlichung in `Deutsche

Gedichte von Goethe bis zur Gegenwart´ (Volk und Wissen); Gründung des Kabaretts `Die Schaubude´ in München; Feuilletonchef der `Neuen Zeitung´ in München.

1946 Umzug in die erste möblierte Wohnung, zusammen mit Luiselotte Enderle in München-Schwabing in der Fuchsstraße 2; erste Ausgabe des `Pinguin´; Gedichtauswahl `Bei Durchsicht meiner Bücher´; erste Reise nach dem Krieg nach Berlin und Dresden; erstes Wiedersehen mit den Eltern; Herausgabe von `Kurt Tucholsky: Gruß nach vorn´.

1947 Teilnahme am Internationalen PEN-Kongress in Zürich.

1948 Aufgabe der Redakteurstätigkeit für die `Neue Zeitung´; ab jetzt freier Schriftsteller; `Der tägliche Kram, Chansons und Prosa 1945-1948´ und Epigramme `Kurz und bündig´ erscheinen; Uraufführung der Komödie `Zu treuen Händen´ in Düsseldorf von Melchior Kurtz alias Erich Kästner.

1949 `Die Konferenz der Tiere´; Kinderroman `Das doppelte Lottchen´ erscheint; Ende der Herausgeberschaft des `Pinguin´; Eröffnung der `Internationalen Jugendbibliothek´; Münchner Sekretärin: Liselotte Rosenow. Bekanntschaft mit Friedel Siebert.

1950 Drehbuch zu `Das doppelte Lottchen´ (Regie: Josef von Baky); deutsche Dialoge für den Film `All About Eve´ (Regie: Joseph L. Mankiewicz); Bundesfilmpreis für `Das doppelte Lottchen´; Engagement gegen das `Schmutz- und Schundgesetz´; Nacherzählung `Der gestiefelte Kater´.

1951 Wahl zum Präsidenten des westdeutschen PEN-Zentrums; Gründung des Kabaretts `Die kleine Freiheit´ in München (Leitung: Trude Kolman);

Nacherzählung `Münchhausen´ erscheint; Tod der Mutter in Dresden.

1952 `Die kleine Freiheit. Chansons und Prosa von 1949-1952´; japanische Verfilmung von `Das doppelte Lottchen´ (Regie: Koji Shima); Vorwort zu `Paul Hazard: Kinder, Bücher und große Leute´.

1953 Umzug innerhalb Münchens von Schwabing in den Herzogpark, Flemingstraße 52; Verfilmung von `Pünktchen und Anton´ (Regie: Thomas Engel); britische Verfilmung von `Das doppelte Lottchen´ (Regie: Emmerich Pressburger).

1954 Filmdrehbuch `Das fliegende Klassenzimmer´ (Regie: Kurt Hoffmann); Nacherzählung `Die Schildbürger´ erscheint (Ilustration: Horst Lemke); Neuverfilmung von `Emil und die Detektive´ (Regie: Robert Adolf Stemmle); Drehbuch für `Die ver-schwundene Miniatur´ (Regie: Carl Heinz Schroth).

1955 Gedichtband `Die dreizehn Monate´ und Gedichtauswahl `Der Gegenwart ins Gästebuch´ erscheinen; Niederschrift zu `Die Schule der Diktatoren´; Verfilmung von `Drei Männer im Schnee´, Österreich (Regisseur: Kurt Hoffmann); Arbeit an `Als ich ein kleiner Junge war´.

1956 Nacherzählung `Don Quichotte´; Verleihung des Literatur-Preises der Stadt München; Komödie `Die Schule der Diktatoren´ erscheint; japanische Verfilmung von `Emil und die Detektive´ (Regie: Mitsuo Wakasugi); Drehbuch zu `Der kleine Grenzverkehr´ unter dem Titel `Salzburger Geschichten´ (Regie: Kurt Hoffmann).

1957 Uraufführung `Die Schule der Diktatoren´ in München (Regie: Hans Schweikart); Verleihung des Georg-Büchner-Preises in Darmstadt; Kindheitserinnerungen 'Als ich ein kleiner Junge war' erscheinen; Geburt des Sohnes Thomas (Mutter: Friedel Siebert); Tod des Vaters Emil Kästner in Dresden; Herausgabe von 'Paul Flora: Menschen und andere Tiere. An die Leine genommen von Erich Kästner' und von 'Heiteres von E. O. Plauen'; Uraufführung von 'Das Haus Erinnerung' in den Kammerspielen München (Regie: Hans Schweikart); 'Über das Nichtlesen von Büchern. Ein imaginärer Vortrag' erscheint; Herausgabe von 'Heiterkeit in Dur und Moll. Deutscher Humor der Gegenwart in Wort und Bild'.

1958 Unterzeichnung des Appells vom Komitee Kampf dem Atomtod; Teilnahme an der Münchner Großkundgebung gegen die atomare Bewaffnung der Bundeswehr; Rede zum 25. Jahrestag der Bücherverbrennung (PEN-Kongress Hamburg).

1959 'Gesammelte Schriften in sieben Bänden' erscheinen anlässlich von Kästners sechzigstem Geburtstag; Herausgabe von 'Heiteres von Walter Trier'; 'Große Zeiten. Kleine Auswahl', hg. v. Friedrich Rasche; Vorwort zum Bildband 'Oh, diese Katzen'; Großes Bundesverdienstkreuz.

1960 Verleihung der Hans Christian Andersen-Medaille in Luxemburg durch das 'Internationale Kuratorium für das Jugendbuch'; Veröffentlichung des Drehbuchs 'Münchhausen'; Herausgabe von 'Heiterkeit kennt keine Grenzen. Ausländischer Humor der Gegenwart in Wort und Bild'; Fernsehspiel 'Pünktchen und Anton' (Regie: Udo Langhoff); von Luiselotte Enderle erscheint die erste Kästner-Biographie.

1961 Tagebuch 'Notabene 45' erscheint; Nacherzählung von 'Gullivers Reisen' erscheint; vier Vorlesungen in der Wiener Stadthalle vor großem Publikum; Erkrankung an Ischias; in der Medizinischen Universitätsklinik München wird Tbc diagnostiziert; mehrmonatiger Krankenhausaufenthalt; `Das Erich Kästner-Buch. Gedichte und Prosa´, ausgewählt von Rolf Hochhuth erscheint; Vorwort zu `Clara Asscher-Pinkhoff, Sternkinder´; US-amerikanische Verfilmung von `Das doppelte Lottchen´ (`The parent trap´; Regie: David Swift).

1962 Aufenthalt im Sanatorium in Agra im Tessin; Drehbuch `Liebe will gelernt sein´ nach dem Lustspiel `Zu treuen Händen´; Kinderbuch `Das Schwein beim Friseur und anderes´; Gedichtauswahl `Wieso warum? Ausgewählte Gedichte 1922-1955´; Vorwort zu `E. G. Linfield/E. Larsen, England vorwiegend heiter´; `Emil und die Berliner Jungen´ als Lesebuch für den Deutschunterricht in sowjetischen Schulen; Herausgabe von `Heiterkeit braucht keine Worte. Humor der Welt im Bild´; Wahl zum Ehrenpräsidenten des deutschen PEN-Clubs.

1963 Rückkehr aus dem Tessin nach München; Kinderroman `Der kleine Mann´ erscheint; Filmstart von `Liebe will gelernt sein´ (Regie: Kurt Hoffmann) in Düsseldorf, Drehbuch nach `Zu treuen Händen´; Gedichtauswahl `Let's Face it´, London; `Von Damen und anderen Weibern´, hg. v. Alexander Blase; `Die gesammelten Jugendromane in 8 Bänden´ erscheinen auf Japanisch in Tokio; Jugendliteraturpreis in Japan für die gesammelten Jugendromane, übersetzt von Kenji Takahashi.

1964 Erneuter Sanatoriumsaufenthalt von Januar bis August in Agra; Eröffnung der Kästner-Ausstellung des Goethe-Instituts in der Internationalen Jugendbibliothek in München; US-amerikanische Verfilmung von `Emil und die Detektive´ (Regie: Peter Tewksbury); Beginn des offiziellen, fünf Jahre währenden Doppellebens im Wechsel zwischen München (mit Luiselotte Enderle) und Berlin (mit Friedel Siebert und Sohn Thomas).

1965 Reise zur Eröffnung der Kästner-Ausstellung in Stockholm; Herausgabe von `Heiterkeit in vielen Versen´; Verbrennung von Kästners Büchern durch Mitglieder des `Evangelischen Jugendbundes für entschiedenes Christentum´ in Düsseldorf.

1966 Im Januar Reise zur Kästner-Ausstellung in Kopenhagen und im Oktober nach London; erster Preis im internationalen Humoristenwettbewerb der bulgarischen Jugendzeitschrift `Narodna Mladesch´ für den Beitrag `Ist Existentialismus heilbar?´; biographische Fernsehsendung: `Alle mal herhören...´ (Regie: Kurt Wilhelm).

1967 Kinderroman `Der kleine Mann und die kleine Miss´; Vorwort zu `Martin Morlock: Regeln für Spielverderber´; `Kennst Du das Land, wo die Kanonen blühn?´, hg. v. Walter Püschel. Mit Zeichnungen von Herbert Sandberg und einer Schallplatte von Ernst Busch; Ernennung zum Ehrenstenographen des Österreichischen Stenographenverbandes; Lesung im Gobelinsaal des Dresdner Zwingers; im September Reise zur Kästner-Ausstellung in Den Haag.

1968 Literaturpreis Deutscher Freimaurer in Kassel mit Überreichung des Lessing-Rings; Mildred L. Batchelder Award für die US-amerikanische Ausgabe von `Der kleine Mann´ (`The Little Man´).

1969 Ehrenmitglied der Internationalen Jugendbibliothek in München und der Wilhelm-Busch-Gesellschaft in

Hannover; Zeichentrickfilm `Die Konferenz der Tiere´ (Regie und Drehbuch: Curt Linda); Kästners achtbändige `Gesammelte Schriften für Erwachsene´ erscheinen; Trennung von Friedel Siebert.

1970 Kultureller Ehrenpreis der Stadt München; `Kästner anekdotisch´, hg. v. Luiselotte Enderle.

1971 Fernsehspiel `Seine Majestät Gustav Krause´ nach der gleichnamigen Komödie von Eberhard Foerster alias Erich Kästner (Regie: Günter Gräwert).

1972 Veröffentlichung der Dissertation `Friedrich der Große und die deutsche Literatur´ im Verlag W. Kohlhammer.

1973 Neuverfilmung von `Das fliegende Klassenzimmer´ (Regie: Werner Jacobs); Neuverfilmung von `Drei Männer im Schnee´ (Regie: Alfred Vohrer).

1974 Verleihung der Ehrenmünze der Stadt München; Vorwort zu `Schmunzel-Schmöker für Kurzstreckenleser´ von Luiselotte Enderle; 29. Juli Tod Erich Kästners im Neuperlacher Krankenhaus an den Folgen von Speiseröhrenkrebs; Neuverfilmung von `Drei Männer im Schnee (Regie: Alfred Vohrer).

1975 Gründung der Erich Kästner-Gesellschaft in München; `Das große Erich Kästner-Buch´, hg. v. Sylvia List, erscheint.

1977 `Briefe aus dem Tessin´ erscheinen.

1978 `Das Erich Kästner Lesebuch´, hg. v. Chr. Stich.

1980 Verfilmung von `Fabian´ (Buch: Hans Borgelt und Wolf Gremm; Regie: Wolf Gremm).

1981 Thomas Kästner spricht im Interview mit dem österreichischen Kabarettisten Werner Schneyer darüber, dass nicht der Sattlermeister Emil Kästner,

sondern der Hausarzt der Familie, der jüdische Sanitätsrat Dr. Emil Zimmermann, der leibliche Vater Erich Kästners ist.
1986 US-amerikanische Neuverfilmung von `Das doppelte Lottchen´ (Regie: Ronald F. Maxwell).
1991 Luiselotte Enderle stirbt und wird im Grab Erich Kästners beigesetzt.

Literaturverzeichnis

Ins Literaturverzeichnis aufgenommen wurde rein subjektiv ausgewählte Literatur von und über Erich Kästner. Eine nicht zu toppende, obwohl inzwischen auch schon fast zehn Jahre alte Darstellung der Kästner-Gesamtliteratur befindet sich in dem Opus Magnum von Johan Zonneveld (s.u.). Nicht aufgenommen wurden in dieses Literaturverzeichnis Artikel in Tageszeitungen oder Internet-Links, die bereits in den Anmerkungen Erwähnung fanden.

Ambesser, Gwendolyn von, Schaubudenzauber – Geschichte und Geschichten eines legendären Kabaretts, Lich 2006.
Becker, Silke/Hanuschek, Sven (Hgg.), Erich Kästner und die Moderne (Erich Kästner-Studien Band 5, hg. von Sebastian Schmideler im Auftrag des Fördervereins Erich Kästner Forschung e. V.), Baden-Baden 2017.
Bemmann, Helga, Erich Kästner. Leben und Werk, Berlin 1994, 1998.
Benjamin, Walter, Linke Melancholie. Zu Erich Kästners neuem Gedichtbuch, in: ders., Gesammelte Werke III, FfM 1972, 272-283.
Bienert, Michael, Kästners Berlin. Literarische Schauplätze, Berlin 2014.
Böttiger, Helmut, Die Gruppe 47. Als die deutsche Literatur Geschichte schrieb, München 2012.
Bode, Andreas, Bibliographie der selbständigen Erstausgaben Erich Kästners, in: Manfred Wegner (Hg.), ´Die Zeit fährt Auto´. Erich Kästner zum 100. Geburtstag, Berlin-München 1999, 226-260.
Brecht, Bertolt, Bertolt Brechts Hauspostille, FfM 1999.
Brecht, Bertolt, Gesammelte Werke in 20 Bänden, Schriften zur Politik und Gesellschaft. Werkausgabe (Edition Suhrkamp), FfM 1967.
Die Geschichte des Dritten Reiches, erzählt von Torsten Körner, FfM 2001, ²2000.

Doderer, Klaus, Erich Kästner. Lebensphasen – politisches Engagement – literarisches Wirken, Weinheim 2002.
Doktor Erich Kästners Lyrische Hausapotheke. Gedichte für den Hausbedarf der Leser, Zürich 2017.
Drouve, Andreas, Erich Kästner. Moralist mit doppeltem Boden, Marburg 1999.
Ebbert, Birgit, Erziehung zu Menschlichkeit und Demokratie. Erich Kästner und seine Zeitschrift `Pinguin´ im Erziehungsgefüge der Nachkriegszeit, FfM 1994.
Emil, Lottchen und der kleine Mann. Erich Kästners Kinderwelt (Marbacher Magazin), hg. v. Ute Harbusch, Jutta Richter et al., Marbach 1999.
Enderle, Luiselotte, Erich Kästner, Reinbek 1966.
Enderle, Luiselotte (Hgin.), Mein liebes, gutes Muttchen, Du! Briefe und Postkarten aus 30 Jahren, München 1981, 1990.
Erich Kästner Werke, Bde. I-IX, hg. von Franz Josef Görtz, München 1998.
Flügge, Manfred, Das flüchtige Paradies. Künstler an der Côte d´Azur, Berlin 2008.
Görtz, Franz Josef/Sarkowicz, Hans, Erich Kästner. Eine Biographie, München-Zürich 1998.
Hanuschek, Sven, Geschichte des bundesdeutschen PEN-Zentrums von 1951 bis 1990 (Studien und Texte zur Sozialgeschichte der Literatur, Bd. 98), Tübingen 2004.
Hanuschek, Sven, Erich Kästner, Reinbek 2004, [4]2018.
Hanuschek, Sven, Kästners Kriegstagebücher. Eine Einführung, in: Erich Kästner, Das Blaue Buch. Geheimes Kriegstagebuch 1941-1945, hg. v. Sven Hanuschek in Zusammenarbeit mit Ulrich von Bülow und Sille Becker. Aus der Gabelsberger´schen Kurzschrift übertragen von Herbert Tauer, Zürich 2018, 7-41.

Hanuschek, Sven, Keiner blickt dir hinter das Gesicht. Das Leben Erich Kästners, München-Wien 1999.
Hanuschek, Sven (Hg.), Erich Kästner: Dieses Na ja!, wenn man das nicht hätte! Ausgewählte Briefe von 1909 bis 1972, Zürich-Hamburg 2003.
Heym, Stefan, Nachruf, München 1988.
Kästner, Erich, Als ich ein kleiner Junge war, Zürich 1957.
Kästner, Erich, Das Blaue Buch. Kriegstagebuch und Roman-Notizen (Marbacher Magazin 111/112), hg. v. Ulrich von Bülow, Silke Becker et al., Marbach 2006.
Kästner, Erich, Das Blaue Buch. Geheimes Kriegstagebuch 1941-1945, hg. v. Sven Hanuschek in Zusammenarbeit mit Ulrich von Bülow und Silke Becker, Erweiterte Neuauflage Zürich 2018.
Kästner, Erich, Das doppelte Lottchen. Ein Roman für Kinder, Hamburg 2016.
Kästner, Erich, Der Gang vor die Hunde, hg. v. Sven Hanuschek, Zürich 2013, [6]2018.
Kästner, Erich, Der Herr aus Glas. Erzählungen, hg. v. Sven Hanuschek, Zürich 2015.
Kästner, Erich, Der tägliche Kram. Chansons und Prosa 1945-1948, Zürich 2013.
Kästner, Erich, Die kleine Freiheit: Chansons und Prosa 1949-1952, Zürich 1986.
Kästner, Erich, Die Konferenz der Tiere, Hamburg 2010.
Kästner, Erich, Die Montags-Gedichte. Mit einem Vorwort von Marcel Reich-Ranicki, kommentiert von Jens Hacke, München 2016.
Kästner, Erich, Drei Männer im Schnee. Eine Erzählung, Zürich 1934.
Kästner, Erich, Ein Mann gibt Auskunft. Gedichte, mit Zeichnungen von Erich Ohser, Zürich 2015.
Kästner, Erich, Emil und die Detektive, Zürich 2018.

Kästner, Erich, Es gibt nichts Gutes, außer: Man tut es. Kurz und bündig. Epigramme, mit Zeichnungen von Christoph Niemann, Zürich 2015.
Kästner, Erich, Fabian. Die Geschichte eines Moralisten, München 1989, ^{29}2013, Zürich 2017.
Kästner, Erich, Fabian. Reclam Lektüreschlüssel XL, von Kani Mam Rostami Boukani, Ditzingen 2019.
Kästner, Erich, Interview mit dem Weihnachtsmann. Kindergeschichten für Erwachsene, hg. und mit einem Nachwort von Franz Josef Görtz und Hans Sarkowicz, München 1998, 2005.
Kästner, Erich, Kästner für Erwachsene, Zürich 2005.
Kästner, Erich, Notabene 45. Ein Tagebuch, Zürich 2012.
Kästner, Erich, Notabene 45. Ein Tagebuch, Zürich 2017.
Kästner, Erich, Pünktchen und Anton, München 2018.
Kästner, Erich, Sonderbares vom Kurfürstendamm. Berliner Betrachtungen, Zürich 2015.
Kästner, Erich, Über das Verbrennen von Büchern, Zürich 2013.
Kaiser, Thomas O. H., Antidot. 13 Essays zur Literatur, Geschichte, Musik und Kultur, Norderstedt 2014.
Kaiser, Thomas O. H., Eleutheria – Profile der Freiheit. 13 theologische, philosophische und politische Porträts, Norderstedt 2014.
Kaiser, Thomas O. H., Heinrich Mann. Auf den Spuren eines vergessenen Schriftstellers (2003), in: ders., Antidot. 13 Essays zur Literatur, Geschichte, Musik und Kultur, Norderstedt 2014, 229-257.
Kaiser, Thomas O. H., Klaus Mann. Ein Schriftsteller in den Fluten der Zeit. Bestandsaufnahme und kritische Würdigung von Leben und Werk. Mit einem `Who is Who´ bei Klaus Mann, Norderstedt 2015.
Kaiser, Thomas O. H., „Von guten Mächten wunderbar geborgen..." Dietrich Bonhoeffer – Theologe, Pastor und

Dichter im Widerstand gegen Hitler. Mit einem 'Who is Who' zu Dietrich Bonhoeffer und seiner Zeit, Norderstedt 2014.
Kaiser, Thomas O. H., Walter Benjamin – Erinnerung an einen Freigeist, in: ders., Eleutheria – Profile der Freiheit. 13 theologische, philosophische und politische Porträts, Norderstedt 2014, 37-64.
Kershaw, Ian, Hitler. 1889-1945, München 2009.
Kershaw, Ian, Höllensturz. Europa 1914-1949, München 2016, 3. Auflage 2019.
Königs Erläuterungen: Fabian. Die Geschichte eines Moralisten von Erich Kästner. Textanalyse und Interpretation mit ausführlicher Inhaltsangabe und Abituraufgaben mit Lösungen von Yomb May, Hollfeld 2015.
Körner, Torsten, Der kleine Mann als Star. Heinz Rühmann und seine Filme der 50er Jahre. Mit einem Vorwort von Reinhard Baumgart, FfM/New York 2001 (diss. phil.).
Körner, Torsten, Ein guter Freund. Heinz Rühmann, Biographie, Berlin 2001, ²2001
Kolman, Trude (Hgin.), Münchner kleine Freiheit. Eine Auswahl aus dem Programm von 10 Jahren, München 1960.
Kordon, Klaus, Die Zeit ist kaputt. Die Lebensgeschichte des Erich Kästner, Weinheim 1994.
Kurzke, Hermann, Nachwort, in: Erich Kästner Werke, Bde. I-IX, hg. von Franz Josef Görtz, München 1998, 413-419.
Lämmerzahl-Bensel, Uta, Erich Kästner – eine Personalbibliographie, Gießen 1988.
Leonhardt, Rudolf Walter (Hg.), Kästner für Erwachsene, FfM 1967.
List, Sylvia (Hgin.), Das große Erich Kästner Buch. Mit einem Geleitwort von Hermann Kesten, München 1975, Neuausgabe 1987, Zürich 2002.

Michalka, Wolfgang/Niedhart, Gottfried (Hg.), Die ungeliebte Republik (dtv dokumente 2918), München 1980.
Neuhaus, Stefan, Das verschwiegene Werk. Erich Kästners Mitarbeit an Theaterstücken unter Pseudonym, Würzburg 2000.
Nick, Dagmar (Hgin.), Edmund Nick. Das literarische Kabarett: Die Schaubude 1945-1948. Seine Geschichte in Briefen und Songs, München 2004.
Plauen, E. O., Vater und Sohn, gezeichnet von E. O. Plauen. Neue Ausgabe, 3 Bde., Konstanz 1949, 1962, 1993.
Reiter, Andrea, Die Exterritorialität des Denkens. Hans Sahl im Exil, Göttingen 2007.
Sahl, Hans, Memoiren eines Moralisten, München 1995.
Sahl, Hans, Das Exil im Exil, FfM 1990, ³1990.
Schmidt, Karl-Wilhelm, Erich Kästner. Emil und die Detektive. Ein Roman für Kinder, München 2004.
Schikorsky, Isa, Erich Kästner (dtv portrait), München 1998.
Schikorsky, Isa, Schnellkurs Kinder- und Jugendliteratur, Köln 2003.
Schmidinger, Veit Johannes, Transit Belgien. Deutsche und österreichische Künstler im Exil 1933-1945 (edition monacensia), München 2017.
Schmidinger, Veit J./Schoeller, Wilfried F., Transit Amsterdam. Deutsche Künstler im Exil 1933-1945 (edition monacensia), München 2007.
Schneyder, Werner, Erich Kästner – ein brauchbarer Autor (Kindlers Literarische Portraits, mit einem Bildteil von 76 Seiten), München 1982.
Serke, Jürgen, Die verbrannten Dichter. Lebensgeschichten und Dokumente, Weinheim 1992.

Sichel, Frieda, From Refugee to Citizen. A Sociological Study of the immigrants from Hitler-Europe who settled in Southern Africa (Ph. D.), Cape Town/Amsterdam 1966.
Sösemann, Bernd, Theodor Wolff. Ein Leben mit der Zeitung, Stuttgart 2012.
Tornow, Ingo, Erich Kästner und der Film, München 1998.
Tucholsky, Kurt, Gesammelte Werke in 10 Bänden, hg. v. Mary Gerold-Tucholsky/Fritz J. Raddatz, Reinbek 1985.
Tucholsky, Kurt, Gruß nach vorn, hg. v. Erich Kästner, Köln 2006.
Voswinckel, Ulrike/Berninger, Frank (Hg.), Exil am Mittelmeer. Deutsche Schriftsteller in Südfrankreich von 1933-1941, München 2005, ²2008.
Walberer, Ulrich (Hg.), 10. Mai 1933. Bücherverbrennung in Deutschland und die Folgen, FfM 1983.
Weidermann, Volker, Das Buch der verbrannten Bücher, Köln 2008.
Wewer, Heinz, „Abgereist, ohne Angabe der Adresse". Postalische Zeugnisse zu Verfolgung und Terror im Nationalsozialismus, Berlin 2017.
Wolff, Rudolf (Hg.), Erich Kästner. Lesestoff, Zündstoff, Brennstoff. Lyrik und Prosa gegen den Krieg, Berlin 1984.
Zonneveld, Johan, Bibliographie Erich Kästner, Bde. I-III (Bibliographie zur deutschen Literaturgeschichte; Bd. 18), Bielefeld 2011 (mit einer CD-ROM).
Zonneveld, Johan, Erich Kästner als Rezensent 1923-1933, Frankfurt/M. 1991.

Zum Autor

Pfarrer Dr. theol. Thomas O. H. Kaiser, geb. Müller, Dipl. Theol., geboren am 18. März 1963 in Stadtoldendorf, wurde am 16. Juni 1963 in Eschershausen im Weserbergland evangelisch getauft und am 15. Mai 1977 dort konfirmiert. 1982 machte er sein Abitur am Gymnasium an der Liebigstraße in Holzminden.

Vom Wintersemester 1982 bis zum Sommersemester 1988 studierte er Evangelische Theologie (Hauptfach) an der Ruprecht-Karls-Universität in Heidelberg und beendete sein Studium nach elf Semestern mit dem Ersten Kirchlichen Examen der Evangelisch-lutherischen Landeskirche Hannovers (Dipl. Theol. der Universität Göttingen). Daran schloss sich bis 1993 ein Zweitstudium der Philosophie (Hauptfach) in Heidelberg an. 1990 hielt sich Kaiser im Rahmen eines Forschungsaufenthaltes an der University of The Western Cape und an der University of Cape Town auf und arbeitete danach an seiner theologischen Dissertation. 1993 promovierte er an der Universität Heidelberg bei Bischof Prof. Dr. Dr. h.c. mult. Wolfgang Huber zum Thema `Gerechtigkeit in Versöhnung. Das Konzept der Versöhnung und seine Kritik im Kontext Südafrika´.

Nach der Eheschließung mit Andrea Kaiser im Februar 1993 änderte er seinen Nachnamen und wechselte in die Evangelische Landeskirche in Baden: Es folgten das sog. `Lehrvikariat´´ in Wertheim (1993-1995), das Zweite Kirchliche Examen in Karlsruhe (1995) und seine Ordination durch Landesbischof Prof. Dr. Klaus Engelhardt in der

Waldshuter Versöhnungskirche (1995). Das sog. `Pfarrvikariat´ absolvierte Dr. Kaiser zunächst am Hochrhein-Gymnasium in Waldshut-Tiengen (1995/96), dann in der Evangelischen Kirchengemeinde Kadelburg (1996-1998). 1998 wurde er zum Gemeindepfarrer berufen und arbeitete zehn Jahre lang im Jobsharing mit Pfarrerin Andrea Kaiser in der Evangelischen Kirchengemeinde Kadelburg. 2008 wurde er einstimmig zum Pfarrer der Evangelischen Kirchengemeinde Klettgau gewählt. Kaiser ist Vater von vier Kindern: Gabriel, Gloria, Balthasar und Salome Kaiser.

Das Porträtfoto des Autors entstand auf einer Reise mit Jugendlichen im Sommer 2018 (Foto: Balthasar Kaiser).

Zum Buchcover und zur Künstlerin

Das Cover des vorliegenden Buches stammt von der Künstlerin Ruth Rüttinger (geb. 1947) aus Dogern. Das auf einem Skizzenblock gemalte bunte Bild, das nur Kästners charakteristische Augenbrauen und seine angedeutete Nase zeigt, trägt den schlichten Titel „Kästner" und ist am 23.10.2019 im spanischen Cadaqués entstanden.

Ganz herzlichen Dank!

Auf der Homepage der Künstlerin befinden sich ihre Kontaktdaten: http://www.ruth-ruettinger.de

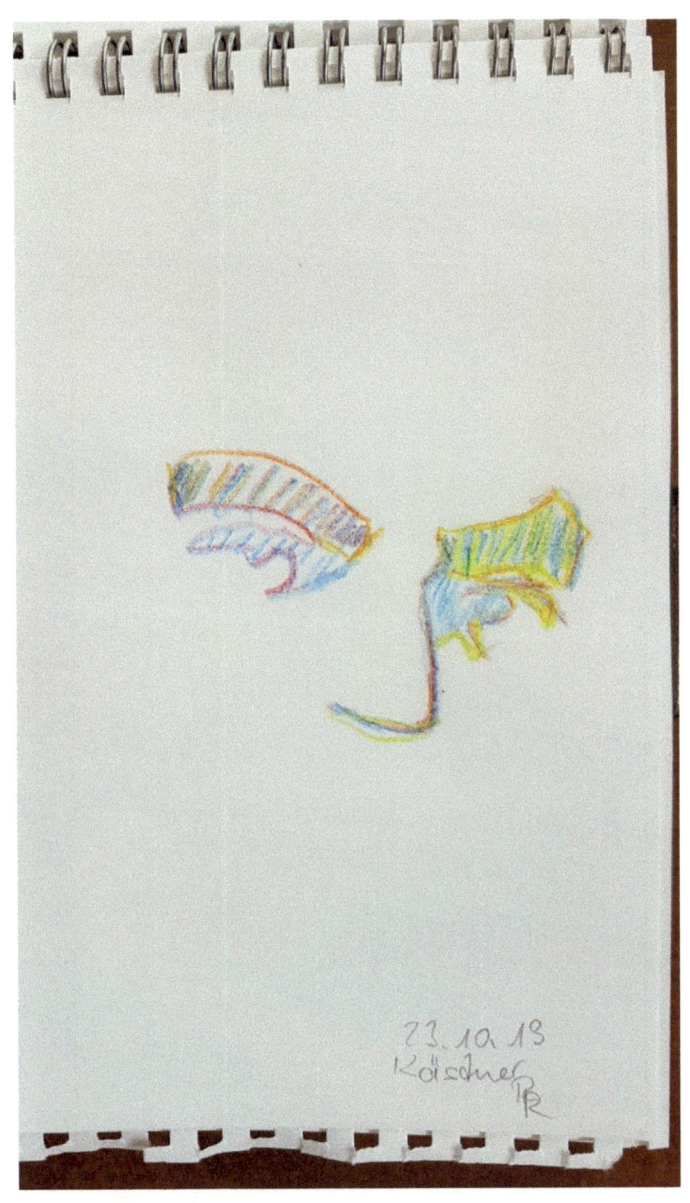

Ruth Rüttinger, „Kästner", 23.10.2019